アメリカ大統領選

久保文明 Fumiaki Kubo
金成隆一 Ryuichi Kanari

岩波新書
1850

はじめに

4年に一度、世界の視線がアメリカ大統領選に注がれる。新型コロナウイルスなど公衆衛生の危機、地球温暖化、核不拡散など、一国では対処できない課題に世界が直面する中、アメリカ大統領にどのような理念を掲げる人物が就くのかは、世界の最大の関心事の一つであろう。

2020年は、第45代大統領ドナルド・トランプ(共和党)が再選をかけて、民主党候補ジョー・バイデンとたたかうことになった。

民主党オバマ政権で副大統領を8年務めたバイデンは、自らの副大統領候補に上院議員カマラ・ハリスを選んだ。父親がジャマイカ出身の黒人で、母親がインド出身のハリスは、主要政党の正副大統領候補として初の黒人女性であり、アジア系でもある。

ハリスが生まれた1964年は激動の時代のまっただ中にあった。国外ではヴェトナム戦争が本格化しつつあり、国内では人種分離制度の撤廃を目指す「公民権運動」や、主流の価値観に挑戦する「カウンターカルチャー」、女性の社会進出を進める「女性解放運動」など、新たな権利や価値観を求める声が強まった。

この時代に、アメリカの方向性を決定づける出来事が相次いだ。1963年の大統領ケネディ（民主党）の暗殺で、副大統領から大統領に昇格したリンドン・ジョンソンは、ケネディが残した立法計画案の実現に全力を注ぎ、１９６４年に公民権法を、翌65年に投票権法を成立させた。前者は、レストランや娯楽施設などの公共施設、投票や公立学校教育、連邦政府事業において、人種を理由とした差別を禁じた。後者は、特に黒人の有権者登録の促進を目標に、投票権の不当な制限を禁じるものだった。

黒人は南北戦争まで南部で奴隷として扱われ、解放後も19世紀末からほとんど投票できない状態に置かれてきた。黒人の投票権に対する制約の一つとして、有権者登録の際に読み書き能力テストが課され、それが黒人の有権者登録を困難にした。投票権法は黒人の有権者登録率が著しく低い地域においてこのテストの実施を禁止し、有権者登録作業を連邦司法省が監督することを可能にした。これによってようやく、黒人の投票率は上がり始めた。２００８年と12年の大統領選挙においては、ついに白人より黒人の投票率が高くなり、それがオバマの当選を支えたことを想起すると、まことに歴史的な意義を持つ法律であった。

また、１９６５年には移民法も改正され、以降ヒスパニックとアジア系の移民が急増し、白人が圧倒的な多数派だったアメリカの顔つきを変え始めた。２０４０年代には白人が人口の過半数を割ることが確実視されている。

アメリカ国民は4年に一度、自国の指導者を選ぶ機会を持つ。「オバマのアメリカ」の後、2016年に選ばれたのが「トランプのアメリカ」だった。2020年は継続か、それとも「バイデン＋ハリスのアメリカ」へのリニューアルかの選択になる。その後も、アメリカではリニューアルの機会が4年ごとに訪れる。

負けた側は敗北を認め、勝った側は、負けた候補を支持した人々も含めた国家の指導者として振る舞うことが期待される。この平和的な権力の移行を、一時の例外を除き、1789年から200年以上にわたって、選挙戦を通じて実現してきたのがアメリカである。

ただし、2020年に関しては、新型コロナウイルスの流行が終息しない中、多数の州が郵便投票を認めるため、2000年選挙においてフロリダ州で生起した以上の巨大な規模の混乱すら予想される。通常どおり投票日の深夜に当落が判明することにはならないかもしれない。あるいは大統領トランプが容易に敗北を認めない可能性すら想像できる。

「投票する」とは何か。「投票する」ことによって、何がどのように変わるか。そして、アメリカ国民はどのような考え方に基づいて投票するのか。

アメリカ大統領選は、これらを考える最良の機会の一つである。本書は、このアメリカ大統領選を読者に少しでも楽しんでもらうために書かれた。

第1章では、アメリカにおいて大統領の交代、政権の交代、大統領の選挙などがどのような意味を持つのかについて、選挙の実際も含めて解説をした。

第2章からは、実際の選挙戦の様子を現場から案内する。筆者2人は2016年の大統領選を一緒に取材して歩いた。当初こそ「泡沫候補」として扱われた共和党トランプが初勝利した東部ニューハンプシャー州の予備選のほか、夏の民主、共和両党の全国党大会などを現地取材した。第2章では、大統領選の「前半戦」にあたる予備選と党員集会を、第3章では「後半戦」にあたる本選挙を扱う。

第4章では、さまざまな断層に沿って二極化が進むアメリカ社会において、どのような対立軸があり、何が有権者を動かす争点になっているのかをまとめた。かつてのアメリカでは「白人」「キリスト教徒」が多数派だったが、60年代以降に急速に変化を遂げてきたことなどを見る。国家としての顔つきが変わる中で、自画像を求める対立が激しく繰り返されてきた。この摩擦が大統領選に及ぼす影響にも触れる。

本書では、来る2020年11月の大統領選挙で誰が勝つかについては全く触れていない。それに代えて終章では、100年後のアメリカにおいて、トランプ現象がどのように影響を残しているかについて、日本との関係も含めて大胆に想像してみることにした。

本書を通して、読者の皆さんがアメリカ大統領選の歴史的な経緯と役割、そして情勢をつかみ、大統領選を少しでも楽しむ契機となれば、大きな喜びである。

※　敬称略。登場人物の年齢や肩書などは原則取材時のままとした。
※　写真はいずれも筆者が撮影した(朝日新聞社提供)。
※　登場人物の中にはプライバシーを守るために苗字を抜き、名前だけで表記した場合もある。
※　本書で「白人」という場合、「ヒスパニック(ラティーノ)を除く白人」のデータを使用した。
※　原則1ドル105円で換算。丸めたところもある。
※　演説内容の紹介では、全訳ではなく、要約になっている部分もある。

目次

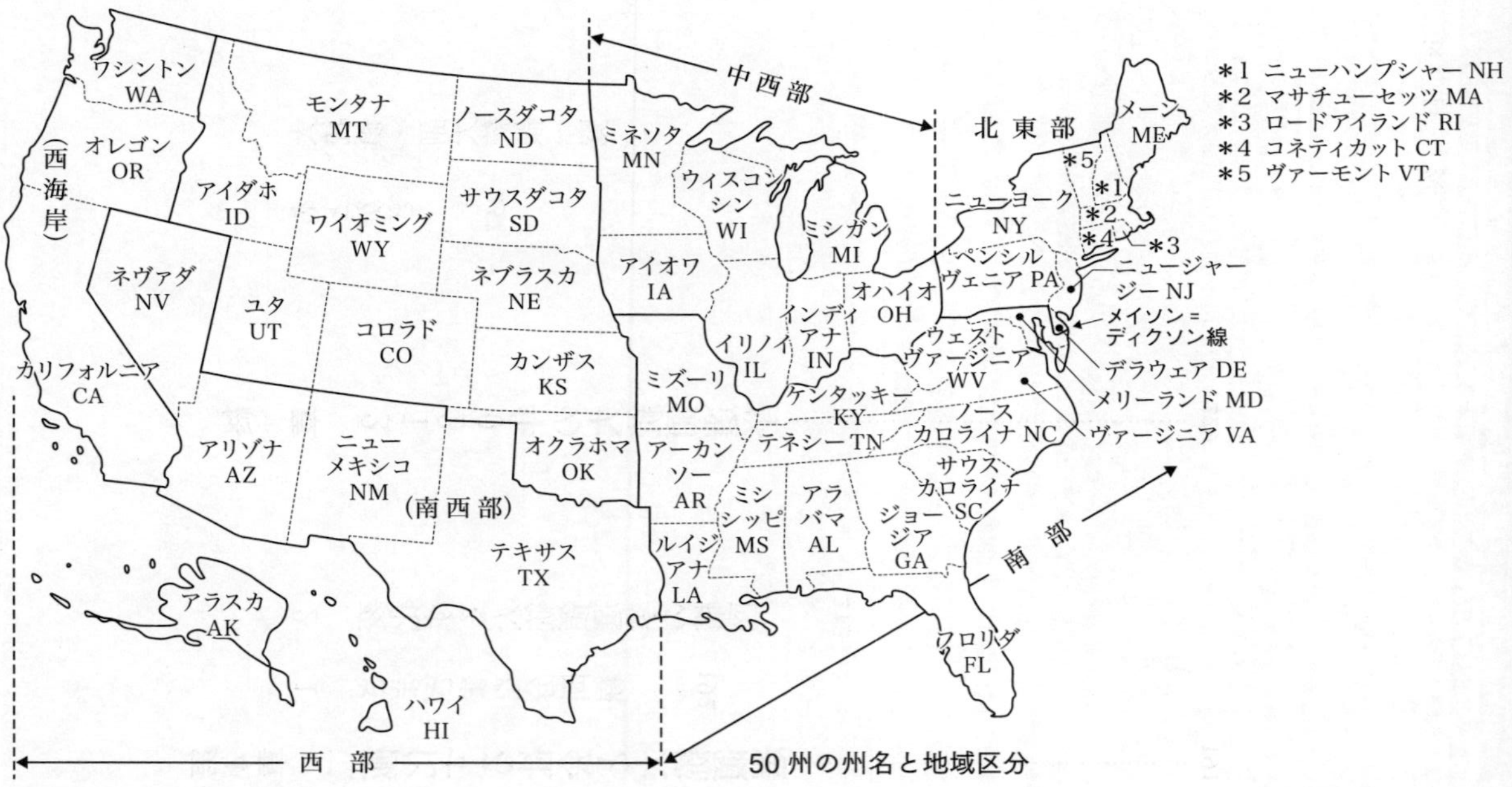
ワシントン WA
オレゴン OR
(西海岸)
カリフォルニア CA
ネヴァダ NV
アイダホ ID
モンタナ MT
ワイオミング WY
ユタ UT
コロラド CO
アリゾナ AZ
ニューメキシコ NM
(南西部)
ノースダコタ ND
サウスダコタ SD
ネブラスカ NE
カンザス KS
オクラホマ OK
テキサス TX
ミネソタ MN
アイオワ IA
ミズーリ MO
アーカンソー AR
ルイジアナ LA
ウィスコンシン WI
イリノイ IL
ミシガン MI
インディアナ IN
オハイオ OH
ケンタッキー KY
テネシー TN
ミシシッピ MS
アラバマ AL
ジョージア GA
フロリダ FL
サウスカロライナ SC
ノースカロライナ NC
ウェストヴァージニア WV
ヴァージニア VA
メリーランド MD
デラウェア DE
メイソン＝ディクソン線
ニュージャージー NJ
ペンシルヴェニア PA
ニューヨーク NY
メーン ME
＊1
＊2
＊3
＊4
＊5
北東部
中西部
南部
西部
アラスカ AK
ハワイ HI
＊1 ニューハンプシャー NH
＊2 マサチューセッツ MA
＊3 ロードアイランド RI
＊4 コネティカット CT
＊5 ヴァーモント VT

50州の州名と地域区分

第 45 代大統領就任式に参加する人々
(2017 年 1 月 20 日，ワシントン DC)

第 1 章
アメリカ政治のリニューアル

1　大統領制とは何か

「現在する最古の民主主義アメリカ」の再確認

結果が紛糾した選挙であったが、当選を決めた大統領ジョージ・W・ブッシュは、２００１年1月20日の就任演説において、次のように述べた。

歴史上、権力の平和的移譲は稀でありますが、わが国においては普通のことであります。簡潔な就任の宣誓を行うことによって、我々は古い伝統を確認し、新たな出発を行うのです。

その8年後の1月20日、同じ場所に立ったのはバラク・H・オバマであった。彼は次のように語った。

これまで44人のアメリカ人がこの大統領就任の宣誓を行いました。……アメリカは前に進んできましたが、それは政府の高い地位に着いた人々の手腕やビジョンのためだけでなく、「われわれ人民(We the People)」が、我々の祖先の理念を忠実に遵守し、建国の文書に忠誠を誓ってきたからであります。……

わが国の偉大さを再確認するにあたり、その偉大さは与えられたものではないことを我々は知っています。それは勝ち取られる必要があるのです。……今日から、用意を始め、埃を払い、そしてアメリカを作り変える作業を開始しましょう。

そのまた8年後、その場所で就任演説を行うのは大統領ドナルド・J・トランプの役割であった。彼はこのように語った。

我々アメリカの市民は、わが国を再建し、すべてのアメリカ国民に対する約束を復活させるための偉大なる国民的努力のため、ここに参加しています。……

4年ごとに、我々は秩序ある、そして平和的な権力の委譲を遂行するためにここに集うのです。

しかし本日の儀式は格別の意味も持っています。なぜならば、それはある政権から他の政権への、あるいは一つの政党からもう一つの政党への権力の委譲であるだけでなく、ワシントンDCから皆さんへ、すなわちアメリカ国民への権力移譲でもあるからです。

少し遡ると、1993年にはビル・クリントンが次のような就任演説をしていた。

本日、我々はアメリカの再生という神秘を祝福しています。この儀式は真冬に行われていますが、我々が語る言葉と我々が世界に示す表情によって、春をもたらします。この春は、世界最古の民主主義において生まれ変わり、アメリカを作り変えるビジョンと勇気をもたらしてくれました。我々の先祖が勇気を奮って世界に独立を、そして全能なる神に我々の目的を宣言したとき、彼らは、アメリカが長く存続するためには、アメリカ自らが変化しなければならないことをよくわきまえていました。変化のための変化ではなく、生命、自由、幸福の追求というアメリカ的理念を守るため変化することが必要なのでした。

さらに同様の例を増やすことは容易である。言うまでもなく、同じ大統領就任演説であっても、再選の場合のトーンはかなり異なって来る。ここで紹介したのはいずれも、与野党の入れ替わりを伴う選挙において勝利した新大統領による、1期目の就任演説である。

重要な点は、多少の表現の違いや分量の違いこそあれ、近年のどの大統領も、特に1期目の就任演説において、平和的な政権交代とそれを契機とするアメリカの再生というアメリカ的な伝統について、誇りをもって語って来たということである。それは1789年アメリカ合衆国発足から引き継がれてきた民主主義と共和政の伝統の再確認であった。現在する民主政としては、とくに一定の規模以上のものとしては、最古のものであることについての自覚と誇りが滲み出ている。

我々はついアメリカの大統領選挙を、単なるお祭り騒ぎと決めつけがちである。あるいは、誰が当選してもアメリカの政策はそれほど変わるはずがないとタカをくくりがちでもある。しかし、世界を見回すと、いまでも平和的な政権交代が確立していない国の方が多数である。アメリカはそれを、南北戦争のような例外もあるが、1789年から実践してきた。200年以上選挙によって平和的な政権交代を成し遂げてきたことについては、あらためて評価してよいであろう。

むろん、新たに就任する大統領として、国民に和解と団結を求める自己利益も存在する。選挙戦中は批判・非難・中傷に明け暮れる観すらあるアメリカの政治であるが、新政権発足に当たっては、とくに新大統領としては、国民に向けて新大統領の下で和解と融和を達成し、一致団結することを求める。それは建前でもあるが、本音でもあろう。そして和解と融和のためには、相手候補に投票した国民にも手を差し伸べ、新政権への協力を求めることになる。その際、支持政党を超えて、アメリカ国民、アメリカ人としての誇りに訴えるのは、それなりに理に適っているとも言えよう。アメリカ国民も(もとより全員ということはあり得ないが)、ことによるとこの日一日だけ、支持政党にかかわらずアメリカ人として新大統領を祝福する気分になるかもしれない。

ちなみに、ここでは省略したが、その日をもってホワイトハウスを去る(ときに自らが選挙戦で下した)前任者に対する讃辞と謝辞が含まれていることも普通である。これも、和解と融和の試みの一部であろう。

国家元首を普通選挙で選出する伝統

むろん、現在の基準で評価すれば、アメリカ合衆国初期の選挙や政権交代は極めて非民主的なものであった。18世紀末について言えば、選挙権は男性に限られ、多くの州で財産資格が課され、さらに奴隷であったアフリカ系アメリカ人(以下黒人と表記)は投票できなかった。19世紀末頃まで、例えば民主党に投票する有権者と共和党に投票する有権者とでは投票用紙の色が異なっており、入り口で自ら申告して用紙を受け取る必要があった。そこでは工場の上司や地域のボスが見張りをしていた。すなわち、投票の秘密はほとんど確保されていなかった。投票の日、政治熱の高いニューヨーク州の北部では、政党のボスが部下に「早起きして、何回も投票してこい」と命じた。当時はまだ有権者名簿なるものは存在せず、同一の有権者が近隣の多数の投票所で何回も投票することが可能であった。その結果、投票率はしばしば100%を超えた。多くの地でこのようなことが起きていた。

以上は全て、民主主義と言っても建国当初のアメリカのそれが、いかに未完成で不完全なものであったかを示す例のごく一部であり、ほとんど際限なく例を増やすこともできる。このようにして、アメリカの民主主義の歴史を否定的に評価することも可能である。

ただし、異なる側面を見ることも必要であろう。アメリカでは選挙権は基本的には州政府に決定権があると見なされており、その結果、たとえば普通選挙制が実現した時期も、州によって異なる。すでに1800年、ニューハンプシャー、ヴァーモント、ペンシルヴェニア、ジョージア、ケンタッキーなどの州では、選挙資格に対する財産制限は撤廃されていた。1820年代初頭にはマサチューセッツ州やニューヨーク州で普通選挙獲得運動が勝利した。そして1830年代にはアメリカ合衆国全土において、(多くの場合21歳以上の)成年白人男子の普通選挙が実現した。民主主義の見本のように見なされているイギリスですら、このような意味での普通選挙制の実現は20世紀に入ってからのことであったので、世界史上極めて早い時期から、普通選挙制度が実現していたことになる。これは、アメリカの重要な特徴として認めざるを得ないであろう。

しかも、選挙の結果、大統領と政権の交代が現実に行われていたことが重要である。特に1800年の選挙は、それまで建国以来続いたフェデラリスツ(Federalists：連邦派)の支配を終わらせ、リパブリカンズ(Republicans：共和派)による統治をもたらすものであったが故に、若きアメリカの共和政にとって極めて重大な重みを持っていたが、フェデラリスツは暴力的抵抗をせずに政権から去り、平和的な権力の移行が定着する先例と基礎が築かれた。

大統領＝国王＋首相

このような政権交代の重要性を理解するためには、大統領の権威と権限についても理解しておく必要があろう。特に重要な点は、アメリカの大統領はイギリスでいえば国王(ないし女王)と首相を合わせた地位と権限を持つということである。すなわち、アメリカの大統領は、一面で国王とほぼ同等の国家元首としての役割と権限を持ち、その意味でウォルター・バジョットの言う威厳をもった部分(dignified part)を構成する(『イギリス憲政論』)。他面、大統領は行政府の長として首相とほぼ同じ権限をもち、行政府内での政策と人事を決定する。こちらはバジョットの表現では効率的部分(efficient part)ということになる。現在で言うとフランス・ロシア・韓国などの大統領制においては、大統領と首相に権限が分かれているが、アメリカでは一つの官職に統合されていることになる。

日本の天皇が公式訪問でアメリカを訪れた時、対等な立場で接遇するのは大統領であるが、日本の首相(あるいは総理大臣、以下首相と表記)がアメリカを訪れた際に同格で相手をするのも、やはり大統領である。

必然的に、大統領には日本の首相には存在しない、国家元首としての尊厳・威厳・権威、そして華やかさが与えられている。アメリカ国民の感覚からしても、大統領の党派的な側面と国家を象徴する部分とで、異なる感情を持ちうる。自分が支持しない政党の大統領には容赦なく批判を浴びせても、国民・国家を代表する国家元首としての大統領に対しては一定の遠慮ないし敬意を感じざるを得ない、ということはよくあることのようである。

日本の例で考えてみると、首相の交代の際の儀式は特にないと言ってよいほど簡素である。それに対して、新天皇の即位の際には、夥しい数の儀式が長い期間にわたって執り行われる。最近では2019年に新天皇が即位したが、その前は1989年の現上皇の天皇即位、その前は1926年の昭和天皇即位であった(即位関係の儀式は後年のことがある)。日本人の感覚では、かなりの頻度で起こる首相交代はそれほどの大事件でないかもしれないが、新天皇の即位は一生に一度あるかないかの一大行事である(むろん、首相の交代は政策の大きな変化を生み出す可能性があるのに対し、天皇の交代は政策の変更に直結しない)。アメリカでは、それが厳密には4年ごと、あるいは大統領の交代という観点でみれば、しばしば8年ごとに起ることになる。

再出発としての大統領就任式

同時に、大統領の交代が、冒頭で例示した就任演説で示されているとおり、アメリカ自身の再生、再出発として大統領自らによって位置づけられていることも重要であろう。まさに「我々は古い伝統を確認し、新たな出発を行う」のである。

クリントン、ブッシュ(子)、オバマ、そしてトランプの就任は、全て与野党の入れ替わりを伴う大統領と政権の交代であった。このような場合に顕著になるのは、先行する政権の8年ないし12年(クリントンの前にはロナルド・レーガン2期8年とジョージ・H・W・ブッシュ(父)1期4年、計12年の共和党政権期が存在していた)の治政を停滞・衰退・失敗・混乱・恥辱などと定義し、アメリカの再生、再出発、再建を今日から始めようという姿勢である。

それは、長い選挙戦を通じて本人が候補者として訴え続けたことでもある。候補者の公約は、しばしば過大であり、誇大広告気味でもある。自分が当選すれば、アメリカが、そしてアメリカと世界の関係が突然異なったものになり、バラ色のシナリオが待っていると約束する。と同時に指摘できるのは、支持者の方も候補者に対して過大な期待を抱くことである。たとえば、

２００8年の大統領選挙では、オバマ候補はアメリカを一つにまとめ、かつ金融危機にうまく対応できると豪語し、有権者の方も危機はすぐに雲散霧消すると期待した。その結果、残るのは大きな幻滅感である。はたして、２０１０年11月の中間選挙では、景気回復が遅れる中で、失望した有権者によってオバマ政権に対して厳しい結果が突き付けられた(下院で共和党が逆転し、少数党から多数党に躍進)。アメリカの分裂もそのままであった。トランプ候補も選挙戦ではアメリカの衰退を嘆き、「アメリカを再び偉大にする(Make America Great Again)」をその中心的なスローガンとした。鉄鋼や自動車などの雇用は復活し、メキシコとの間には壁が造られ、アメリカが損をしていた国際関係は是正される……。そして、これらの公約に大きな期待を寄せた有権者がいたことも確かである。

振り返ると１９８１年、レーガンは前任のジミー・カーターの4年間を経済的失政と定義し、アメリカの復活を掲げた。93年のクリントンは再生と変革を訴えた。２００１年のブッシュ(子)は新たな出発を説き、09年のオバマは変化を強調した。そして17年のトランプはアメリカの再建を語った。

より長い文脈で振り返ると、実に多くの大統領候補者が、新しい出発を誓っていることに気づかされる。１９１２年にウッドロー・ウィルソンはニュー・フリーダムを約束し、実行に移した。同じ選挙において、当選はならなかったが、セオドア・ローズヴェルトはニュー・ナシヨナリズムを公約とした。1932年選挙でフランクリン・D・ローズヴェルトが口にしたニュー・ディールはあまりに有名である。

これら以外にも、ジョン・F・ケネディによるニュー・フロンティアはよく知られている。クリントンも時折、国民とのニュー・コブナント(new covenant)、すなわち「新たな誓約」という言葉を使っていた。やや宗教的な印象を与える言葉である。あるいは、アメリカの政治家と国民は“new”という言葉が好きなのだと推測することが可能かもしれない。やはり新たな出発ないし創造、あるいは再出発という発想が、新大統領と国民双方から好まれていることを示唆している。

それでは、新大統領は、選挙での公約をどの程度実現できるのであろうか。しばしば、アメリカの政権交代は「無血のクーデター」あるいは「革命」などと称される。そのように呼ばれる根拠や実態は存在するのであろうか。

素人がいきなり大統領に?

大統領選挙の日程は憲法によって確定しているため、長い選挙戦も可能となる。2016年の場合、同年7月に、民主、共和の二大政党は公認候補を正式に決定した。党内での選出手続きは、公式には同年2月初めにアイオワ州党員集会で始まった。実質的に勝者が決まったのは民主党の場合6月に入ってから、共和党の場合5月であった。ただし、多くの候補者は２０１５年半ばには公式に立候補を表明していたし、それ以前からさまざまな準備を開始していた。これはアメリカでは普通である。実質的には3〜4年選挙運動に費やす候補者すら存在する。このような長期に及ぶ候補者選考は、いつ解散・総選挙が行われるかわからない議院内閣制では不可能である。

また、大統領候補は連邦議員である必要はなく、実際、しばしば連邦政治にまったく関わりを持ったことがない政治家が登場し、当選してきた。アメリカ合衆国憲法第2章第1条の規定により、「35歳以上かつアメリカ合衆国国内における在留期間が14年以上で、出生によるアメリカ合衆国市民権保持者」であれば、被選挙権を持つ。最近でも、新しい方から見ていけば、トランプ、ブッシュ(子)、クリントン、レーガン、カーターらワシントン政治に無縁だった候補が、ワシントン政界のインサイダーであった大統領(オバマ、ブッシュ(父))より多数当選している(１９７６年以降)。ちなみに、これらブッシュ(子)、クリントン、レーガン、カーターら4人の前職は全員州知事である(オバマは連邦上院議員であったが、まだ２００４年当選の1期目であったにすぎない)。トランプの場合、公職の経験は皆無であり、これはさすがにアメリカでも珍しい。

日本の議院内閣制のもとでは、首相は憲法の規定により国会議員から選出され、通常は閣僚や党の要職の経験者である。アメリカ型では一般党員が政党内での大統領公認候補選びに深く関与するのに対し、日本型では同僚の議員による評価が大きな重みを持つ。前者では未経験者の参入が可能であり、長期にわたる選挙戦の間にメディアや国民が評価を下すが、後者では経験者の中から長く本人を見てきた同僚議員が中心となって、比較的短期間に選出することになる。

ちなみに、連邦政府と無関係であった人物でも立候補可能であり、事実、州知事経験者の立候補者が多いことが、アメリカを一から作り直す、あるいは腐敗したワシントンの大掃除をするという趣旨のキャンペーン・スタイルになることと密接に関係していると考えてよいであろう。ヴェトナム戦争とウォーターゲート事件を経た1970年代半ば以降、ワシントンに対する不信感は一挙に高まったため、ワシントンと無縁の人物がそこに乗り込んでワシントン政界を一挙に浄化する、というスタンスはこれまで以上に人気を博するものとなった。

それでは、アメリカの政権交代のあり方を見てみよう。

政権交代と行政府

アメリカの場合、4年ごとの選挙で当選した大統領が、弾劾裁判で有罪になる、あるいは死去する等のことがない限り、基本的には4年間務めることになる。不信任決議による辞職も、議会の解散もない。大統領が再任された場合、あるいは1988年のように前任者と同一政党から大統領が選出された場合には、政府高官の交代はほとんどないか小規模になるが、与野党の入れ替わりの際には、きわめて規模の大きな政府高官の交代が起こる。

アメリカの大統領は日本の官僚制でいうと局長級まで直接指名する。これは日本の常識から考えると、驚くべき制度であるし、世界的にも珍しいと言えよう。しかも、指名される政府高官のほとんどが、行政府の外にいる人間である(ちなみに、議員との兼任は許されない)。すなわち、基本的なパターンは官僚制内部の登用ではなく、外部からのリクルートメントである。なおかつ、それはほぼ完全に政党人事であり、勝った政党の支持者が大統領任命の官職をほぼ独占する。既述したように、アメリカの政権交代がしばしば無血革命ないし無血クーデターとも呼ばれる理由だ。

この制度は、1829年に大統領に就任したアンドリュー・ジャクソン政権期に始まった。連邦官僚制を特権階級に独占させてはならないし、一般人(コモン・マン)でも役人を務めることは可能であると考えたジャクソンは、前任者によって任命された官僚を大規模に解雇し、自らの支持者をそこに任命した。この方針はその後拡大・定着し、猟官制として知られることになる。

ただし1880年代から改革が行われ、アメリカの連邦官僚制でも徐々にメリット・システム(資格任用制)が強化されてきた。その結果、現在は大統領が直接指名するこの仕組みは次官補(日本ではほぼ局長に相当)以上のポジションにのみ適用され、総数で3500程度、全連邦公務員の約0.1%と言われる。今日の制度は政治任用制と呼ぶのが適当であろう。

政治任用制の実際の適用については、アメリカ政治の文脈では重要な変化を見てとることができる。カーター大統領までは、大統領は閣僚を指名したものの、それより下の人事については閣僚が選んだ。しかし、レーガン大統領からは、大統領の側で局長級まで直接指名している。前者の場合、閣僚と部下の関係は円滑になる可能性がより高いが、大統領に対する忠誠心という点では弱い。後者の方法だと、大統領が、政党だけでなく、保守派か穏健派かなど、さらに詳細な基準で人選を進めることが可能であり、また大統領の思想やメッセージ、目標が行政府の中に浸透しやすい。任命される者も、大統領に対する忠誠心を強く持つであろう。レーガン大統領は保守派を重視した人選を進めた。それは、ブッシュ(子)政権ではより顕著であったが、ワシントンのシンクタンクとのつながりが弱いトランプ政権では、アウトサイダー的人材が多数登用された。

3500もの人事を遂行することは、当然ながら時間と労力のかかる作業である。本選挙で勝利を予想した候補は、投票日前から任命のための準備作業を開始する(トランプ候補はほとんど準備を開始していなかった)。公式には、投票日後に連邦政府から資金とオフィスが用意され、選考作業が本格化する。これは1963年に制定された政権移行法(その後修正)の規定による(梅川健「過去の政権移行はどのように行われたのか」久保文明編著『オバマ大統領を支える高官たち――政権移行と政治任用の研究』日本評論社、2009年、48頁)。このように、高官人事任用に関わる政権移行については、近年政府の助成によって運営されている。

政治任用制の功罪――政策変更の誘因

大統領は場合によると単に自分と同じ政党であるだけでなく、自分の政治的立場(政党の中でも右寄り、左寄りといった違いが存在する)と同じ人物を優先的に起用する。それは、すでに述べたように、レーガン、ブッシュ(子)の政権で特に顕著であった。一般的には、大統領選挙の時からの忠実な支持者が登用される傾向が強い。現在は、特定の政策に対する専門的知識や能力も重視されており、その結果シンクタンク研究者の登用も増える傾向があるが、既成のシンクタンクへの不信感が強いトランプ政権は例外である。

アメリカの官僚制のあり方は、いろいろな意味で今日の日本の官僚制と対照的である。その長所・短所を政権交代の議論と関わる範囲で考えてみよう。

アメリカの連邦官僚制と比較した場合、日本の官僚制には、政策の誤りを自ら直す、あるいは政策転換を積極的に主導するという誘因が乏しい。すでに施行されている政策を手直しすること、ましてやそれが誤りであったと認めることは、組織の上司・先輩たちを批判することにつながる。組織内での出世競争のみならず、しばしば退職後の再就職・転職の世話まで組織ないし組織の出身者に頼っている立場からは、そのような強い批判はしにくいであろう。

生涯を特定の官庁のネットワーク内で過ごす傾向が濃厚であるため、組織の中では、幹部候補であるキャリア組とそれ以外のノン・キャリアのどちらについても、退職後の職の確保が重視される嫌いがあり、組織自体には、それを矯正するメカニズムはそれほど存在しない。散発的な政治家による介入やメディアによる報道が、数少ない攪乱要因である。

わが国の政治で興味深い点は、いわゆる天下り規制や関連する特殊法人の削減といった問題については、首相や内閣による上からの指示ですら、官僚組織による抵抗に遭うことが少なくないことである。このような点では、首相による行政部の把握・統制は、それほど強いものではない。

それに対して、アメリカの官僚制においては、政策変更あるいは政策転換について、積極的な体質を持つことが指摘できる。前任者が犯した誤りを発見した場合、あるいは政策転換の必要を感じた場合、彼らはさほど躊躇することなく、前政権が犯した「誤り」をむしろ積極的に暴露し、あるいは政策を変更するであろう。前任者は前政権によって任命された官僚であり、それはほとんどの場合、対立政党に所属する政敵である。したがって、むしろ前政権による誤りを国民とメディアに公開し、自分たちがいかに画期的な改善を行っているかをアピールすることが、大きな政治的得点にもなるからである。ここでは、新大統領と、政治任用された高官が相乗効果をもって変化を実現・促進しうる側面が存在している。

かつてわが国の厚生省において薬害エイズ問題が起きたが、このとき役所は問題を隠蔽しようとする体質を示した。アメリカの制度であれば、誘因は逆に働く可能性が高い。

大統領への忠誠心

アメリカの官僚制の長所としてもう一つ指摘できるのは、アメリカでは、多くの者が大統領に対する忠誠心を少なくとも一つの重要な基準として任用されていることである。逆に自分が属する局や省に対する忠誠心は、一生過ごす職場という意識を持つこともないため、あまり強くない。1期目の場合、もしも大統領が再選に失敗すると、彼らもほぼ全員辞職することになる。その意味で、彼らの運命は大統領と一心同体であり、職を賭して仕事をする。すなわち、自分の職務の成功は政権の成功につながりうるし、自らの失政は政権の再選失敗に帰着しうる。この結果、「重大な政策判断の誤りをしておいて一生涯居座る高級官僚」という例は、ほとんど存在し得ない。セクショナリズム的発想も日本より弱くなると想像できる。政治任用される者の多くは、数年間政府で働き、その後民間で高い報酬をもらって再就職する。政治の世界に残りたい者は、シンクタンクに職を求める。これらは全て個人としての能力や経験に基づいて決定される。いずれにせよ、役所のネットワークに長く頼るという発想は存在しない。

日本の首相にとって、官僚ないし官僚制をどのように扱うかはつねに困難な問題であり続けてきた。日本の政治では、官僚制は一つの独自の勢力であるといっても過言でないであろう。世論にアピールするためにも、歳出削減のためにも、官僚の既得権を削減することは、最近の内閣が重視してきた政策項目である。しかし、ここで成果をあげることは、郵政改革のような例外はあるものの、しばしば官僚が激しく抵抗するため、それほど容易なことではない。アメリカ的感覚から言うと、首相が行政府のトップのはずなのに、なぜ官僚は首相に抵抗し、また抵抗できるのか、極めて不思議であろう。いろいろな理由があろうが、首相自身、アメリカの大統領がもつホワイトハウス・スタッフのような直属の部下や組織をもたず、政策形成も法案作成も官僚に依存している。また、多くの議員は与野党を問わず、官僚に直接間接に依存し、あるいは官僚を通して配分されるさまざまな補助金や事業、あるいはそこで決定されるさまざまな規則や政策(規制や保護など)の受益者であるため、首相対官僚という状況においてしばしば官僚の応援団となる。また、首相の在任期間は普通あまり長くないため、長期戦に持ち込まれると、首相にとって分の悪い戦いとなってしまう。これらが理由の一部であろう。

特に、2009年から12年のわが国の民主党政権のように、官僚と戦い、官僚に依存しない政権運営を実践しようとすると、政治家によほどの専門能力が備わっていないと機能しない可能性が高い。そもそも、巨大な官僚機構の上に就任したばかりのわずか3〜5人程度の大臣、副大臣、政務官で十分に組織をコントロールできるか、相当疑問であろう。しかも、アメリカに存在する民間のシンクタンクは日本にはさほど存在せず、内閣はそのようなところから助言を受けることもできない。

要するに、特に日本の議院内閣制においては、首相は行政権に属することであっても、十分に与党から独立して指導力を発揮しにくい。官僚の忠誠心は、しばしば首相や与党より所属する省庁に向けられている。それに対してアメリカの大統領は、この後に触れるように、立法に関しては弱い立場におかれているが、行政権に属することについては、ある意味で極めて自立的な決定権限を握っていると言えよう。そして何より、4年という確定した任期が指導力発揮の大きな支えとなっている。

むろん、長所・短所は表裏の関係にある。アメリカでは以上の結果、4年ごとあるいは8年ごとの政治的打算に基づいた朝令暮改が起きやすく、組織の記憶も弱い場合が少なくない。逆に日本の制度は、うまく機能すれば長期的な視野に立った行政の継続を担保するのには適している。

以上の他にも、アメリカの官僚制の長所として、政治任用においてはもちろんキャリア組でも中途採用者が多いので、広く社会全般からさまざまな分野の専門家を集めることが可能であり、年齢はもちろん経歴も出身大学も、更には人種やジェンダーの点で、多様な官僚集団を構築することが可能であることが付け加えられよう。それに対して、日本の制度の長所としては、若い優秀な人材を長期にわたって計画的に養成できる点を指摘できる。ここではそれらについて包括的な評価を行う余裕はないが、大統領の視点からすれば、専門能力、大統領とのイデオロギー的一体性、大統領に対する忠誠心の確保といった点で、アメリカの制度は指導力を発揮するために、かなり好都合であると言えよう。

立ちはだかる議会

アメリカの政権交代は、革命としての性格を持ちうることを指摘した。それは特に大統領がもつ強い人事権によってもたらされる。しかし、それを抑制する要因もアメリカの政治制度には組み込まれている。それが強力で独立性の強い議会の存在である。こちらは、大統領による壮大な公約がほとんど必然的に失望をもたらさざるを得ない重要な原因として作用する。

アメリカの連邦議会は二院制であるが、下院は2年に一度全員が改選される。大統領選挙と同時に実施される下院議員選挙では、大統領選挙に勝利する政党が同時に多数党になることが多いが、そうならない場合もある(1988、80、72、68年など)。また、2年後の下院議員選挙(中間選挙と呼ばれる)で与党が少数党に転落することも多い。6年目の勝率はさらに低い。中間選挙では特に下院について、20世紀初頭以来2018年の中間選挙に至るまで「与党敗北の法則」が存在する。すなわち、1934、98、そして2002年を例外として、全て与党が議席を減らしている(1902年については定数が変更されたが、実質的な意味は同じ)。それは主として大統領・与党に対する幻滅・失望を原因として投票率が下がるからである。与党が議席を減らすだけでなく、少数党に転落すると、政権運営は更に厳しくなる。

上院も大きな壁となりうる。大統領が公約を実現するためには、圧勝し、支持率が高いうちに多数の法律を通すことが肝要である。1933年のF・D・ローズヴェルトの「最初の100日間」がいわばモデルとなっている。下院は全員改選のため、大統領選挙の世論と同じ方向を向いている。しかし、ここで問題なのは上院である。それは1回の選挙で定数の3分の1しか改選されないからである。すなわち、3分の2の上院議員は大統領が当選したときの選挙の洗礼を受けずに済む。与党の非改選数にも左右されるが、与党が圧勝してもその影響は限定的である。このように、アメリカ連邦政府は、ある一時の世論が政府の全部門を支配しないように、周到な配慮がなされている(任期は下院議員が2年、上院議員6年、大統領が4年、そして連邦裁判官は終身)。そして、大統領がいかに壮大な公約を掲げようとも、しばしばそれが失望と幻滅に終わらざるを得ない構造的理由が、このような議会の存在なのである。

さらに付け加えれば、アメリカの大統領制においては、上下両院あるいはどちらかにおいて、与党が少数党に留まる「分割政府」状態が頻発してきた（第二次世界大戦後では、1947～48、55～60、69～76、81～92、95～2000、01～02、07～08、11～16、19～20年）。トランプ政権も3年目から分割政府状態となった（2018年中間選挙の結果、下院で民主党が多数党になったことによる）。

また、議会が持っている権限の大きさも重要である。議院内閣制では、下院（日本では衆議院）の多数派が内閣を作った後は、与党議員は内閣提出法案を基本的に支持する必要があるが、アメリカの制度では与党であれ野党であれ、議員は頻繁に造反する。大統領トランプが重視したオバマケア（医療保険制度改革）撤廃法案は、与党共和党多数の上院で可決に持ち込むことができなかった。

大統領はそもそも法案を議会に提案できない。予算案についても同様であり、普通の法律案と同様、予算案も議員が提案し、討論・採決する。大統領・閣僚・行政府高官は、討論・質疑に参加できない。大統領は一般教書を議会で読む権利をもつが、閣僚以下は呼ばれたときにのみ、公聴会で証言を行う。

分権的な政党構造の含意

そしてアメリカの政党の規律は弱い。大統領が少数与党に属する場合、これは救いにもなるが(たとえばレーガンは下院における民主党多数体制のもとで、その南部保守派の支持を得ることで減税法案を可決させた)、多くの大統領にとっては障壁である。

このように政党の規律が弱く、党議拘束が効果を持たないことの原因はいくつかある。一つは、以上の流れから推測できるように、アメリカの議員は大統領を議会の投票で支える必要からかなりの程度解放されている。与党議員が一致団結して大統領が支持する法案を可決しなくても、大統領には4年の任期が保証されているので、政権が崩壊するわけではない。

もう一つの重要な理由は、アメリカの政党の公認候補決定方法にある。アメリカの全ての州に州政府が決定した政党法が存在し、それによって、主要政党は公認候補の決定について、基本的には党員による投票、すなわち予備選挙によって公認候補を選出しなければならないと義務づけられている。これは、アメリカの政党の特徴である。

例えば、日本の首相は自由民主党議員の場合、党総裁として公認候補の決定権を持つ。2005年に小泉純一郎首相が行ったいわゆる「郵政解散」において、小泉首相は郵政民営化の公約を支持しない候補は公認せず、郵政民営化に反対した約40人の前議員の選挙区に自民党の公認候補を擁立した。アメリカの大統領は、与党でこのような権限を与えられていない(韓国の大統領は与党の国民議会公認候補を決定する権限を持つ)。日本や世界の多くの国々の政党のあり方とまったく逆に、アメリカでは公認候補を決定する権限は党首や党執行部にあるのではなく、党員にある。すなわち、アメリカの政党の執行部は、造反議員に対して除名、公認取り消し、あるいはその威嚇などをもって、圧力をかけることができない仕組みになっているのである。

政権交代が起きても、与党が議会での多数派になれなければ、政策の実現に帰着しないことも多くなる。そもそも、与党が多数党になったとしても、アメリカでは政党の規律が弱いため、大統領が望む法案が順調に成立するわけでもない。多数の法案を通すためには、大統領が選挙で相当の圧勝をすること、在任中を通じて高い支持率を維持すること、そして自分が当選する選挙において自党の議員を多数当選させることが必要である。これらの条件が揃ったときにのみ、大統領は多数の立法的成果を勝ち取ることができる。

ちなみに、最後の現象は、英語で coattail effect と言う。「コートの裾《すそ》効果」という意味であるが、候補者としての大統領の人気にあやかって同じ党の議員候補者が大量当選する現象を指す。１９１２年のウィルソン、32年のＦ・Ｄ・ローズヴェルト、64年のリンドン・ジョンソン、そしてやや議会での勝利の規模は小さいが80年のレーガンなどが、これに該当する。これが起こると、与党議員は選挙に強い大統領として、その大統領に対して多大の敬意を示すようになる。逆に、60年のケネディのように、自らの当選も辛勝である上に、自党の議席を減らしてしまうと、当選後議会対策に苦労することになる。

大統領トランプの場合、一般投票の得票総数では敗北しており、極めて僅差での勝利であったが、共和党が上下両院で多数となったため、共和党的政策を実現させる好機ではあった。ただし、定数１００の上院で共和党の議席が60に達していないため、少数党の議事妨害を防ぐことは困難である。しかも大統領トランプの支持率は多くの世論調査では就任時から50％に達せず、強い影響力を発揮するのは容易ならざることであった。なおかつ、２０１８年中間選挙において、共和党は下院で少数党に転落した。トランプ政権は立法的成果を生み出しにくい状況に置かれている。

大統領が態度を表明した法案が、どの程度議会を通過するかについては、すでに統計が存在する。統一政府（与党が議会の上下両院で多数党になっている状態）の方が明らかに通過率が高く、分割政府ではその数値は落ちる。民主党が上下両院で多数党であった１９９３年、94年にクリントン政権は86・4％の通過率を誇ったが（上下両院の平均値）、95年にそれは36・2％にまで落ち込んだ（大統領が賛否を表明した法案について、どの程度大統領の意向が通っているかについての数字）。共和党が40年ぶりに上下両院で多数党になったからである。

こうして、議会は政権交代による大きな変動をむしろ抑制する場合が多い。

ただし、20世紀以降で見れば、１９１２年、32年、64年、80年のように、大統領が圧勝し、また多数の自党議員を同時に当選させた時（まさに「コートの裾効果」！）には、大きな変化が実現する。巨大な政治運動が政府を掌握し、政府と国民の関係を大きく変更する立法を矢継ぎ早に成立させるパターンである。しかし、アメリカでは、このような現象はそう簡単には起きないことに留意する必要があろう。一挙にワシントンを作り変え、夢を実現させるという大統領の約束は、多くの場合、失望に終わることになる。

アメリカの大統領は、国王を兼ねる地位であり、国家の儀礼的な部分を構成する。そこには華やかさや謹厳さが伴う。また、行政府における強力な人事権を手中にしており、4年という定められた任期中、行政府の長として強大な権限を揮うことができる。

ただし、立法に関しては、議院内閣制の首相より弱い立場に立つとすら言えるであろう。法案・予算案を提出できず、審議にも参加できず、解散を打つこともできない。自分が所属する政党の議会公認候補を決定する権限も持たない。議員は政権を支える義務感を持たず、大胆に造反する。大統領の手に残されているのは、法案への拒否権のみとすら言える。これで、大統領はどのようにして立法に影響を与えることができるであろうか。

実際の変化

政権交代に伴って、主要な政策が変化した例は、実は枚挙に暇がない。その意味で、これまでの一般論はともかくとして、意味のある政策の変化が起きていたことは確かであろう。特に、議会の同意が必要とされない外交や大統領権限を使った政策革新の例が多い。

1969年就任のリチャード・ニクソンは行き詰まったヴェトナム戦争から足を洗うべく、55万人にも達していたヴェトナムでの米兵を、就任して3年以内に2万人まで減らし、73年には和平協定に漕ぎ着けた。また、自らの訪中によって中国との対立関係を改善したことでも知られる。81年に就任したレーガンはそれまでの「大きな政府」路線を覆して大減税を実現し、また規制緩和、戦略防衛構想(SDI：スターウォーズ計画とも呼ばれた)にも着手した。93年に就任したクリントンは皆保険制度の創設や、増税と銃規制に着手したが、皆保険制度では挫折した。2001年就任のブッシュ(子)はレーガン同様、大減税を実現する一方で、クリントン政権が署名した京都議定書から離脱し、イラク戦争を開始した。09年のオバマはそのイラク戦争を終わらせただけでなく、オバマケアと言われる皆保険に近い制度を創設し、さらにパリ協定を批准した。17年就任のトランプはオバマケア廃棄を実現できなかったものの、大減税を実現し、パリ協定から離脱した。オバマ大統領が重視したTPP(環太平洋経済連携協定)交渉からも離脱した。

これらは主要政策に限定したごく簡単なリストにすぎないが、政権交代が、実質を伴う政策の変化、特にその方向性の変化をもたらしてきたことは否定しがたいであろう。

なお、大統領選挙にあたって、大統領の選択とともに重視されているのが、連邦最高裁判所の構成である。人工妊娠中絶（１９７３年の判決で女性の権利とされた）や同性結婚（２０１５年の判決で認められた）など、日常生活に直接関わる問題について、アメリカの連邦最高裁判所は重要な判決を下してきた。判決は９人の判事の多数決によって決定される。欠員が生じたとき、大統領が指名し上院が過半数で承認する。例えば、宗教保守派がそれほど信仰心が篤いと思われない大統領トランプを強く支持するのは、彼らが最高裁の一層の保守化を望んでおり、最終的には最高裁に人工妊娠中絶を禁止する判決を下して欲しいと考えているからに他ならない。このような意味でも、大統領選挙で誰が、そしてどちらの政党が勝利するかは、政策の実質的な変化にかなり直接結びついているのである。

２　大統領選と政党政治の歴史

民主主義の民主化

アメリカ合衆国は現存する最古の民主主義である、というのがアメリカ人の自己認識である。ヨーロッパの都市国家などを含めるとこの主張にはやや怪しいところもあるが、それほど間違っているわけではない。１７８９年の建国時から大統領を人民の手で選出し、交代もさせてきた。アメリカの政党政治は、このアメリカの民主主義の歴史と不可分の関係にある。

ジョージ・ワシントン、トーマス・ジェファソンら、いわゆる建国の父祖(Founding Fathers)と呼ばれる人々は政党について極めて否定的な見方をしていた。彼らは、政党がアメリカの連邦政府を支配する姿を想像していなかったし、それを望ましいとも思っていなかった。ただし、現実には、すでに彼らが現役の政治家であったころから、それぞれフェデラリスツ(Federalists：連邦派)、リパブリカンズ(Republicans：共和派)と呼ばれる政治家集団が登場し、対立した。その対立・抗争は1800年の大統領選挙において最初の頂点に達したが、それは政策や支持基盤の相違とも深く関係していた。フェデラリスツはニューイングランド地域の製造業界や金融業界を基盤としており、より強力な中央政府の構築を提唱していたが、それに対してリパブリカンズは南部の地主層を支持基盤として、分権的で州政府主導の政治体制を理想としていた。ワシントン2期8年、ジョン・アダムズ1期4年はフェデラリスツによる政権であったが、1800年選挙で政権交代が起こり、リパブリカンズが権力を掌握した。その後、フェデラリスツは勢力を衰退させていく。しかし、他国の政治史と比較して重要な点は、18世紀末から基本的に二大政党制が成立していたこと、そして主として二つの政党の間で平和的に交代しながら政権を担当していくことである(ただし、ここで述べたフェデラリスツとリパブリカンズからなる「政党制」の内実を見ると、政党と言えるほどの組織や大衆的な基盤を備えたものではなかった。それはまだ選挙権を与えられた人々の範囲が限定されていたこととも関係する)。

その後、アメリカの政党政治はいくつかの節目を刻みながら、展開していく。奇妙なことではあるが、ある特定の選挙をきっかけに、政党政治のパターン、すなわち二大政党の力関係や支持基盤、そして政策が大きく変容してきたことが観察される。その最初が1800年の大統領選挙であった(アメリカの政治学者はこのような選挙を決定的選挙(critical election)と呼んでいる)。次いで1828年、60年、96年、1932年が決定的選挙とされている。しかし、その後は変化の仕方が変わってきたために、ほとんどの専門家が決定的選挙として合意できる選挙は存在しない。これらの点については、以下順に説明する。

さて、1800年選挙を受けて翌年からジェファソンを大統領とするリパブリカンズの政権が続くことになった。フェデラリスツは弱体化し、政党対立が表に出ない「好感情の時代」を迎えた。巨大化したリパブリカンズの中から、ジャクソンを担ぐ勢力(Democratic Republicansと名乗った)が台頭し、1824年には惜敗したものの、28年の大統領選挙で勝利した。この時の対立軸は、ジャクソンに代表される西部小農民や職人といった一般人(コモン・マン)たちと、大統領ジョン・クウィンジー・アダムズ(ジョン・アダムズの息子)に率いられる北東部の経済界を基盤とする勢力(National Republicansと称した)であった。この頃急速に普及した成年白人男子の普通選挙権がジャクソンを後押しした。ジャクソンを擁立した勢力はその後民主党となり、アダムズを担いだ勢力は紆余曲折を経ながらホイッグ党と名乗ることになる。ジャクソン政権は、中央銀行にも相当する合衆国銀行を廃止し、また連邦の官僚制を教養と財産のある上層階級から一般国民に開放した猟官制を採用するなど、アメリカ政治のあり方を大きく変革し、それまでの支配勢力に衝撃を与えた。当初から民主的な性格が濃厚であったアメリカの政治はこの時期、ますます民主化されることになった。

民主党に対抗したホイッグ党はフェデラリスツの流れも汲み、ややエリート的な性格を持っていたが、ジャクソンの民主党のコモン・マン的性格への対抗上、選挙戦ではリンゴ酒を振る舞い、庶民性を最大限アピールした。この頃には、アメリカの政党は大衆政党としての体裁も整えていた。

共和党の台頭と南北戦争

次の決定的選挙は1860年である。1854年に北部で共和党が結成され、奴隷制反対を提唱し始めたため、南部を重要な支持基盤とする民主党と鋭く対立するようになった。北部と南部は、それ以外にも関税の高低をめぐっても激しく対立した。60年、エイブラハム・リンカンが共和党大統領候補に指名され大統領に当選すると、南部諸州はアメリカ合衆国から離脱して南部連合を結成し、北部に対して戦端を開いた。ここに南北戦争と言われる凄惨な内戦が始まることになる。戦争は北部の勝利に終わり、南部は1877年まで北部の軍事占領下に置かれた。この間、奴隷制は廃止されたが、同時に南部諸州は順次合衆国への復帰が認められた。

政党政治の文脈では、南北戦争の帰結は興味深い。たしかに1860年以降1892年選挙までの30年余り、共和党が優位に立ちはしたものの、民主党の善戦も目立つからである。大統領選挙では民主党はこの間の8回の大統領選挙のうち2回しか勝てなかったが、接戦が多かったうえ、議会ではほぼ共和党と対等の議席を確保していた。

と同時に、1860〜92年の政党政治が、1860年以前の政党対立のパターンと異なっていることも明らかであった。何より対抗関係は民主党対ホイッグ党から民主党対共和党に変化した。民主党は南北戦争後、南部を代表する政党としての性格を更に強めた。ただし、民主党は北部での劣勢を補うために、アイルランド系、ユダヤ系などの移民を支持層に加えた。民主党は異質な勢力の寄り合い所帯としての性格が濃厚であった。共和党は高関税を、民主党は低関税を支持したが、対立はイデオロギーよりも南部対北部という南北戦争を引きずった感情的なわだかまりを軸にしていた。

ちなみに、大統領の座は1860年の選挙から、基本的に民主党、共和党の二大政党によって競われるようになった。支持する政策や支持基盤に変化はあるものの、今日でも同じ看板を掲げる二つの政党が競い合っていることは、アメリカ政治の連続性を示す点で興味深い。また、第3政党から出発して二大政党の一つとして定着することに成功したのは、アメリカ政治の歴史で共和党のみである。

民主党対共和党という対抗関係では継続していたものの、1896年は大きな節目となる選挙となった。ここで共和党は圧勝し、1928年選挙まで続く共和党優位の時代を作り上げた。民主党にとっては与党であった1893年に起きた深刻な景気後退が大きな打撃であり、多くの国民に民主党は不景気の党として心に刻み込まれてしまった。また、1896年から3回民主党大統領候補に指名されたウィリアム・ジェニングス・ブライアンは、西部と南部の小農民の強い支持を得たものの、その農業中心的な政治観や進化論否定の立場故に、大都市居住者や最近到来した移民層の反発を買った。この結果、共和党は移民票にも浸透して、南部以外で圧倒的な強さを誇ることになった。民主党は1912年のように共和党が分裂したときにのみ辛うじて勝利を収め、また4年後その現職(ウィルソン)を僅差で再選させるのがやっとであった。

ニューディール連合の成立と崩壊

1929年10月に発生した大恐慌が、共和党優位の政治体制を打ち砕くことになった。大統領ハーバート・フーヴァーは、経済危機に首尾よく対応できなかったため1932年の大統領選挙で大敗し、民主党のF・D・ローズヴェルトがとって代わった。ローズヴェルトはいわゆるニューディール政策を展開し、失業者救済、労働者の権利擁護、年金・失業保険・生活保護制度の導入などを開始した。これは国民から強く支持され、ここにニューディール連合、あるいはローズヴェルト連合と呼ばれる、民主党多数体制を支える諸集団の連合が成立することになった。民主党は以前からの支持基盤であった南部全域と、北部の非WASP(White, Anglo-Saxon, Protestant)の移民票を堅持したまま、労働者と中低所得者層に支持を広げることに成功した。北部では黒人も支持基盤に加えた。1932年から64年まで9回の選挙のうち共和党が勝ったのは、戦勝将軍として国民の間で個人的な人気を博していたドワイト・アイゼンハワーを擁立した52年と56年の2回のみであり、またほとんどの期間、議会でも民主党が多数党であった。共和党はニューディールの人気の前に、ニューディールを正面から否定することもできず、基本的に支持しつつその抑制を図るという態度をとらざるを得なかった。

しかし、1968年、ヴェトナム戦争と悪化した経済状況、そして南部における黒人差別問題が、民主党多数体制を覆すことになった。長引く戦争は多数の犠牲者を出し、そもそも冷戦外交に着手した民主党内部から、反戦運動を生み出すことになった。大統領ジョンソン(1963~69年)は、大きな政府路線を加速させながら、ヴェトナム戦争にも深入りして戦費を増やしてしまったため、インフレと財政赤字のために経済成長は鈍化し始めた。

また、1964年にジョンソン政権と民主党多数議会は、南部諸州において19世紀末以来実施されていた黒人に対する法的差別を全て禁止する公民権法を可決した。これは極めて画期的な法律であったが、南部白人の反発は激しく、それまで差別体制を死守するために続けてきた民主党に対する支持を撤回し始めることになった。逆に、共和党保守派は南部白人の支持を求めて、黒人を擁護ないし支援する政策の行き過ぎを批判するようになった。

1968年から88年までの6回の選挙のうち、民主党が勝利したのは、ウォーターゲート事件で共和党による失点があった後の1976年のみであった。ニューディール連合を基盤とする民主党優位の時代が終焉したことは明らかであった。

この過程において、南部の変化は歴史的である。1944年にF・D・ローズヴェルトは南部で完勝した。しかし、1980年、民主党は南部ジョージア州出身のカーターが候補であったにもかかわらず、南部でほぼ完敗している。黒人は民主党支持で投票できるようになったものの、白人の支持が大きく共和党に傾いたからである。南北戦争後の占領終結後、民主党の金城湯池であった南部は、1980年以降は基本的に共和党の支持基盤となった(図1-1)。

また、ここでの政党制の変化の重要な特徴は、1回の選挙での巨大な変化ではなく、漸次的・継続的変化であることである。1932年を最後に、決定的選挙は登場していない。あえて言えば、民主党優位の体制が終焉した1968年選挙は最後の決定的選挙であったのかもし

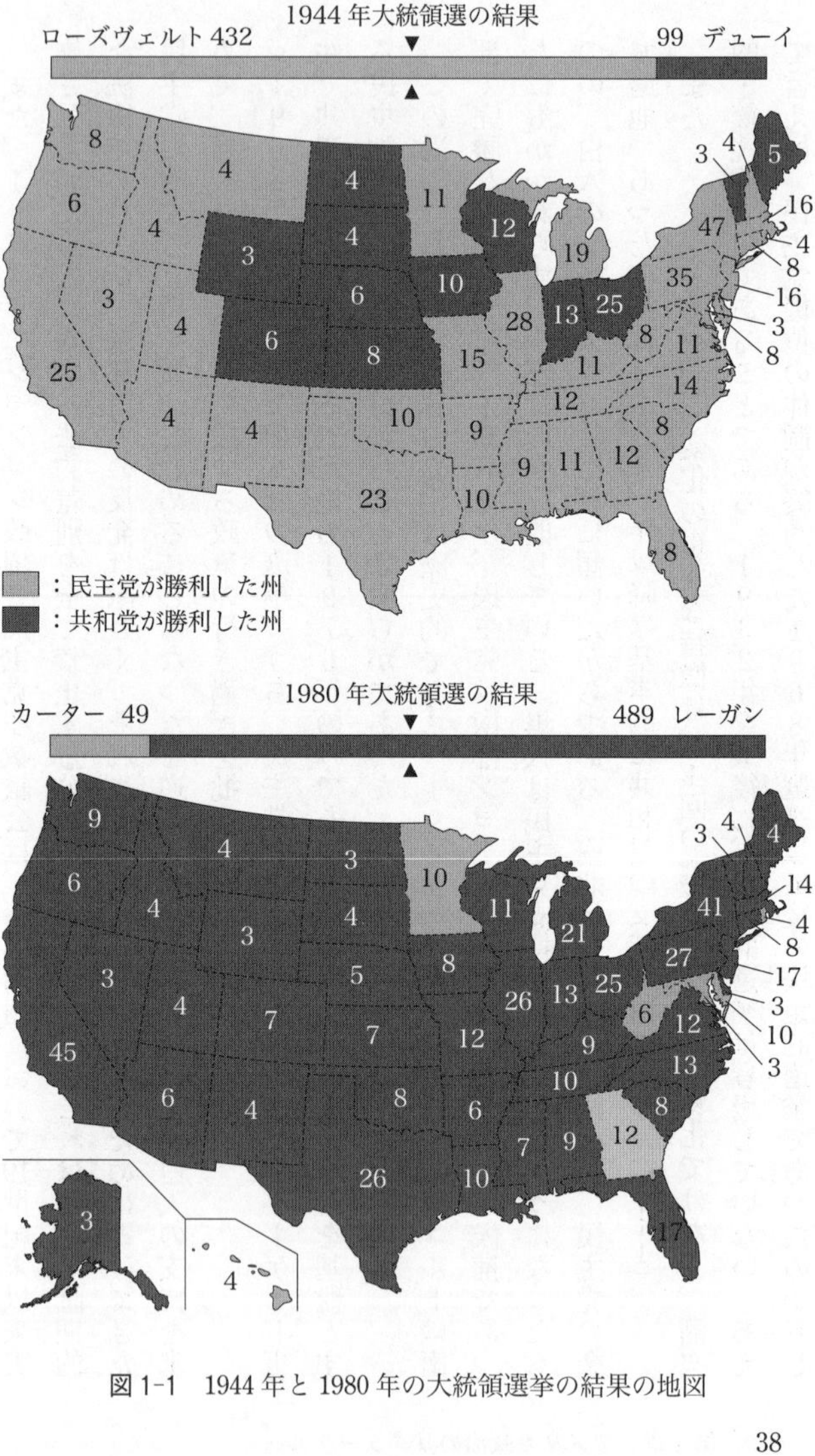

図1-1　1944年と1980年の大統領選挙の結果の地図

れない。

なお、ハリー・S・トルーマンが立候補した1948年選挙以来、外交においては、ソ連に対する封じ込め政策、すなわち冷戦外交の推進が基本的には超党派で支持されてきた。戦い方の細部やニュアンスでは候補者間、あるいは政党間に違いは存在したが、基本方針において大きな相違があったわけではない。しかし、1968年頃になると、ヴェトナム戦争が行き詰まる中で、冷戦外交に関するコンセンサスは崩壊し始めた。1972年から民主党はタカ派の立場から撤退し、軍備管理、軍縮の方を支持する傾向を持つようになった。それに対して、1968年の共和党候補のニクソンとその後のジェラルド・R・フォードは中国・ソ連との緊張緩和(デタント)を推進したが、1980年候補のレーガンはソ連との対決を提唱した。こうして、1980年代には、このような対ソ政策も二大政党を大きく分かつ争点となった。

イデオロギー的分極化の時代

その他の争点も大きく変容した。共和党のレーガンはニューディール的大きな政府の縮小を提案し、大規模減税と規制緩和を推進しようとした。人種問題についても、民主党は積極的差別是正措置(アファーマティヴ・アクション)、要扶養児童家庭扶助(AFDCと呼ばれた低所得の母子家庭への扶助)などを通じて黒人への支援を支持してきたが、共和党はそれに反対し、反黒人感情を持つ白人票の獲得を狙った。民主党は消費者運動、環境保護運動、女性運動を支持するようになったが、特に女性が妊娠したときに人工中絶を選択する権利の支持は重要であった。それに対して、1970年代後半からは、プロテスタント保守派が政治的に覚醒して共和党との協力関係を強め、人工妊娠中絶反対、男女平等反対、同性愛反対、進化論教育反対、ポルノグラフィー反対などの主張を展開し始め、同意する候補者のみ支持するようになった。特に南部白人には同調する信心深い有権者が多く、宗教も南部の共和党化に大きく貢献していた。さらに銃所持の問題でも、共和党は次第に所持する権利を強く擁護するに至り、それに対して民主党は銃規制強化を支持するようになった。

こうして、1980年代には、民主党と共和党は、政府の規模、経済政策、増税か減税か、外交安全保障政策、宗教、銃所持など、広範にして多数の問題で対極的な立場をとるようになった。1950年代から60年代においては、民主党に多数の南部保守派が混在しており、共和党にも多くのニューディール支持のリベラル派が存在していたため、二大政党間のイデオロギー的距離は比較的小さく、両党はイデオロギー的にはある意味で似た者同士であった。しかし、1980年代にはいずれの政党においてもイデオロギー的な純化が進み、その結果対立は固定的となったのである。

1960年代から90年代にかけて、民主党、共和党という政党の看板・ラベルに変化はなかったが、その支持基盤は大きく変容した。表1-1では、南部(南北戦争で南軍に加わったヴァージニア州、ノースカロライナ州、サウスカロライナ州、ジョージア州、フロリダ州、テネシー州、アラバマ州、ミシシッピ州、アーカンソー州、ルイジアナ州、テキサス州の計11州における共和党の台頭が劇的な形で示されている。これほど顕著ではないものの、他の地域でも大きな変化が起きている。共和党は南部で勢力を拡大したが、西部山岳地帯でも党勢を伸ばした。逆に、本来の地盤である北東部において決定的に衰退したのである。

二大政党の対立は、両党の中道寄り・穏健派が主導権をとっても解消することはなかった。1988年には共和党中道派ブッシュ(父)が大統領選挙で勝利したが、最高裁判事の任命などをめぐって、民主党と激しく対立した。4年後には民主党中道派のクリントンが当選したが、その2期8年間においても、共和党と激しい対立が繰り広げられた。冷戦が終結しても、国防費の大幅削減を要求する民主党とそれに反対する共和党の対立は緩和せず、1990年代末に財政黒字が生じても、民主党は将来のために「金庫」に入れておくことを主張し、共和党は減税によって国民に返すことを提案し、やはり両党の相違が緩和することはなかった。

第1節においてアメリカの政権交代について「無血革命」と呼ぶ場合があることに触れたが、二大政党のイデオロギー的分極化が進んでくると、政権交代のたびに政策の方向性はより一層大きく左右に揺れることになる。

表 1-1　南部 11 州での共和党の勢力拡大(1956-2016 年)

年	下院議員数		上院議員数		州知事数		大統領選挙で勝った州の数	
	民主党	共和党	民主党	共和党	民主党	共和党	民主党	共和党
1956	99	7	22	0	11	0	6	5
58	99	7	22	0	11	0		
60	99	7	22	0	11	0	8[a]	2
62	95	11	21	1	11	0		
64	89	17	21	1	11	0	6	5
66	83	23	19	3	9	2		
68	80	26	18	4	9	2	1	5[b]
70	79	27	16[1][c]	5	9	2		
72	74	34	14[1][c]	7	8	3	0	11
74	81	27	15[1][c]	6	8	3		
76	82	26	16[1][c]	5	9	2	10	1
78	77	31	15[1][c]	6	8	3		
80	55	53	11[1][c]	10	6	5	1	10
82	80	33	11	11	11	0		
84	72	41	11	10	10	1	0	11
86	77	39	16	6	6	5		
88	80	36	15	7	6	5	0	11
90	77	39	15	7	8	3		
92	82	43	14	8	8	3	4	7
94	61	64	9	13	5	6		
96	53	72	7	15	3	8	4	7
98	54	71	8	14	4	7		
2000	53	70	9	13	5	6	0	11
02	54	77	9	13	5	6		
04	49	82	4	18	4	7	0	11
06	54	77	5	17	5	6		
08	59	72	7	15	4	7	3	8
10	37	94	6	16	3	8		
12	40	98	6	16	2	9	2	9
14	37	101	3	19	1	10		
16	39	99	1	21	3	8	1	10

注：a)ミシシッピ州の大統領選挙人は民主党ケネディでも共和党ニクソンでもなく，バードに投票．b)ウォーレスのアメリカ独立党が5州で勝利．c)バード2世が無所属．
　＊2000 年，下院議員に無所属が 1 人.

出典：久保文明『アメリカ政治史』(有斐閣，2018 年)

ただし、後述するように、２０１６年に共和党大統領候補の指名を獲得したトランプは、外交、安全保障、通商、そしていくつかの国内政策について、共和党主流派と著しく異なる政策を公約していた。それによって、彼はこれまでの共和党候補が容易に浸透できなかった白人労働者層の強い支持を獲得することができたのであった。

トランプは固定的になった二大政党のイデオロギー的分極化を融解させるであろうか。

3　大統領選の基本

選挙権と被選挙権

ここからは大統領選に話を進めよう。

正副大統領の選挙は4年ごとに実施される。連邦議会の下院議員(任期2年)４３５人は2年ごとに全員が、連邦議会の上院議員(任期6年)１００人は2年ごとに3分の1ずつが改選される。つまり、4年に一度の大統領選の年には、全米規模の選挙だけを抜き出してみても、大統領と副大統領に加えて、連邦下院議員の全４３５人、連邦上院議員の33人前後が選挙戦に臨む。これに州・地方レベルの選挙戦が加わる。

大統領選の年の投票用紙には、上から順に、まずは連邦レベルの大統領と副大統領、上院議

選挙期間中の街の風景．地方レベルも含め，さまざまな選挙が同時に実施される（オハイオ州）

員、下院議員が並び、次に州レベルの選挙の候補者（任期を迎える知事や副知事、収入役、州務長官、会計監査人、司法長官、上院議員、下院議員ら）がズラッと並ぶ。さらに郡レベル、市町村レベルなどの候補者が加わることもある。

　それぞれの選挙戦に共和、民主の二大政党だけでなく、第3政党や無所属の候補者も参戦することがあるため、画用紙のような大きさの投票紙が数頁あり、候補者名が印字されることになる。

　どうやら多くの人も混乱しているようだ。有権者に話を聞くと、「大統領候補と上院議員候補は顔と名前が一致するけど、残りは知らない人ばかり」「投票用紙の一番上から、機械的に○○党の候補者にチェックを入れた。みんな知らない人ばかり」といった声が聞こえてくる。相当の選挙好きでもなければ、それぞれの選挙の候補者の政策などを把握した上で投票することは困難だろう。

　アメリカの選挙権は、18歳以上で、有権者登録を行った者に与えられる。

アメリカの総人口は約3億2668万人(2018年7月1日現在)。18歳以上の推定人口を州別に見ると、トップ5は多い順にカリフォルニア州(3056万人)、テキサス州(2130万人)、フロリダ州(1707万人)、ニューヨーク州(1547万人)、ペンシルヴェニア州(1015万人)となる。少ない州は、少ない順にワイオミング州(44万人)、ヴァーモント州(51万人)、アラスカ州(55万人)、ノースダコタ州(58万人)、サウスダコタ州(66万人)。カリフォルニア州には、ワイオミング州の70倍近い18歳以上の人口がいることになる。

2016年11月の大統領選の時のデータで見てみよう。国勢調査局によると、アメリカの18歳以上の人口は2億4550万人。実際に集計された投票総数は1億3666万で、投票率は55・7%だった(国勢調査局が公表している投票者数は1億3753万人で、投票率は56%となり、誤差が生じている)。また、投票権がアメリカ「市民」に認められていることから、18歳以上のアメリカ「市民」(2億2405万人)を分母に算出すると、投票率は61・4%となる。

アメリカ大統領選の候補になるには、①出生によりアメリカの市民である、②35歳以上、③14年以上アメリカに住んだことがある、という3条件を全て満たす必要がある。

この点に絡み、第45代大統領のトランプは、第44代大統領のオバマについて、「ケニア生まれで、本当はアメリカ大統領になる資格がない」とのデマを流す「バーサー(birther)運動」を何年にもわたって展開した。トランプがこだわったのが被選挙権の①の条件だった。

大統領職を目指す道は、アメリカ人に広く開かれている。二大政党の候補でなくても出馬はできる。筆者が２０１５年12月に中西部オハイオ州を初訪問した際、たまたま出会った男性と雑談していたら、彼の自己紹介が「２０１６年大統領選の候補者です」だった。冗談と思ったら、きちんとフェイスブックに選挙運動用のページを開設していた。普段は近くにあるジェネラルモーターズ（ＧＭ）の工場労働者という。この男性は「２０２０年の大統領選にも出る」と言っている。

ちなみにアメリカで連邦議会の上院議員になる条件としては、①年齢（30歳以上）、②市民権保持（9年以上）、③居住（選挙時に代表する州に住んでいること）の3点を憲法が規定している。同様に、連邦議会の下院議員については、①年齢（25歳以上）、②市民権保持（7年以上）、③居住（選挙時に代表する州に住んでいること）の3点が規定されている。

独特の選挙制度

選挙戦の仕組みを見ていこう。大きな特徴として以下の4点がある。

①プロセスは、前半戦の「予備選挙」「党員集会」と、後半戦の「本選挙」と、大きく二つに分けることができる。大統領になるには、候補者は、まず党内レースである前半戦を勝ち

抜き、党公認の候補者になる必要がある。

前半戦では、各党が「予備選挙」や「党員集会」を開くが、アメリカは二大政党制の国で、全米の注目は共和党、民主党に集中する。前半戦は州単位で実施され、選挙の年の2月頃から夏にかけて各地で順次開催される。支持を広げられない候補は多くの場合、途中で脱落する。各党の指名候補が決まると、11月の本選挙に向けた後半戦に突入する。本選挙は、二大政党の指名候補の一騎打ちになることが多く、本格化するのは9月上旬のレイバー・デー明けだ。

② 本選挙は「間接選挙」で実施される。有権者は「トランプ」や「オバマ」などと書かれた投票用紙にチェックをつけて投票しているので、大統領候補に直接投票しているように見えるが、実際は選挙人を選んでいる。この選挙人が州を代表して投票し、大統領を正式に選出している。

③ 本選挙は州ごとに実施されており、ネブラスカ州とメーン州を除く48州で「勝者独占方式」が採用されている。この方式は、州内で1票でも多くを獲得した候補者が、その州に配分される選挙人を独占する仕組み。選挙人は全米に計538人いて、過半数「270人」を集めた候補者が勝者となり、翌年1月に大統領の職に就く。大統領選で「270」という数字が報道にあふれるのはこのためだ。2016年にトランプは306人を、オバマは201

2年に332人を、2008年に365人を集めて大統領に選出された(2016年、トランプは306人の選挙人を、ヒラリー・クリントンは232人の選挙人を集めたが、それぞれ一部の選挙人が規定に従わずに投票した結果、正式な記録としてはトランプ304人、クリントン227人となった。規定に背く選挙人は「不実な選挙人(faithless elector)」と呼ばれている)。

④選挙人は各州に人口比に応じて配分される。それぞれの州の選挙人の数は、州選出の下院議員(人口に応じて配分)と上院議員(全州2人ずつ)の数の合計に等しい。大きな州は、カリフォルニア州(55人)、テキサス州(38人)、フロリダ州(29人)、ニューヨーク州(29人)の選挙人を持つが、人口の少ないアラスカ、デラウェア、モンタナ、ノースダコタ、サウスダコタ、ヴァーモント、ワイオミングの7州とワシントンDCはそれぞれ3人しかいない。

こうした独特な選挙制度のため、ある候補者が全米の得票総数で1位になっても、選挙戦では負けるということが起きうる。実際、2016年大統領選では、民主党ヒラリー・クリントンが全米で286万票の差でトランプを制したが、選挙人の数では232人しか集められず、306人を集めたトランプに敗れた。同様に2000年大統領選でも民主党アル・ゴアが全米の得票総数で約54万票多く集めたが、選挙人数は267人にとどまり、271人を集めた共和党候補ブッシュ(子)に敗れた(ここでも「不実な選挙人」が出た結果、正式な記録はブッシュ271人、ゴア266人)。

こうして「重要州」が生まれる。

カリフォルニア州で勝てば55人の選挙人を総取りできるが、アラスカ州やワイオミング州で勝っても3人ずつしか得られない。そのため大統領選を通じて、カリフォルニア州やテキサス州、フロリダ州の動向は注目を集めるが、選挙人の少ない州などは、ほとんど話題にならない。候補者の動向も、メディアの報道ぶりも、小さな州にはほとんど向いていないのが実情だ。候補者は専用ジェット機で全米を選挙運動で回るものだが、米メディアの集計によると、2016年大統領選では、アイダホ、ワイオミング、ハワイ、アラスカの計4州には、民主党、共和党いずれの候補も一度も訪問しなかったという。

「揺れる州」とは?

とは言え、選挙報道を担当する記者がカリフォルニア州に足を運ぶことは少ない。

それは、カリフォルニア州の選挙結果が最初から見えているからだ。リベラルな傾向の強いカリフォルニア州では1992年以来、民主党候補が勝利を重ねてきただけでなく、得票率も順調に伸ばしている。2016年大統領選では、全米では負けたクリントンが61%超を得票し、

31%のトランプに圧勝した。

こうした傾向は選挙戦の前から明らかなので、カリフォルニア州では、両党とも本腰を入れた選挙運動を展開しない。資金にも時間にも限りがあるので、民主党候補は「カリフォルニア州は勝てるので、別の接戦州に資金と時間を費やそう」と、共和党候補は「勝ち目はないのでカリフォルニア州は捨て、勝ち目のある別の接戦州を回ろう」と判断することになる。

これはニューヨーク州にも当てはまる。やはりリベラル色が強く、民主党候補の勝利がほぼ決まっているからだ。民主党候補は1988年以来、ほぼ一貫して6割前後を得票して負け知らず。2016年大統領選では、共和党候補がニューヨーク出身のトランプだったが、クリントンが58%を得票して圧勝した。

逆に共和党候補の勝利がほぼ決まっている州もある。文化的に保守的な南部州に多い。例えば、「ディープサウス(深南部)」と呼ばれる南部州の一つ、ミシシッピ州では、共和党候補が1980年以来、大統領選で10連勝してきた。やはり結果が見えているため、民主党候補も共和党候補も選挙運動に力を入れない。

こうして両党の候補者が選挙運動に本腰を入れるのは、「まだ結果の見えていない州」になる。いわば、民主党候補にも共和党候補にも勝てる可能性が残っている州だ。両党に勝者が揺れているため、「スイング州」と呼ばれる。選挙戦が過熱するため「激戦州」や「接戦州」とも呼ばれる。世界中の関心も、こうした州に集中することになる。

例えば、2016年大統領選まで、代表的なスイング州の一つがオハイオ州だった。「オハイオを制する者が全米を制す」と言われるほどで、オハイオ州で負けても大統領になれたのは、1960年のケネディが最後だ。2000年と04年に共和党ブッシュ(子)が、08年と12年に民主党オバマが、16年は共和党トランプが勝った。オハイオ州での勝者は過去20年間で、共和党↓民主党↓共和党と揺れてきたことになる。どちらの党の候補にも勝てる可能性が十分にあり、かつ、オハイオ州には選挙人が18人配分されているため、両党は熱のこもった選挙戦を展開してきた。各陣営は、全米から選挙資金を集めて同州でテレビCMを流し、候補が繰り返し遊説に入る。

ただ、どの州がカギを握る「スイング州」になるかは情勢で変わる。人口動態や失業率、地方選の結果などを反映し、選挙ごとに判断されている。こうした分析は全米の選挙関係者や報道関係者が熱心に研究し、その精度を競っている。両党とも、なるべく効率的に選挙戦を展開したいので、刻々と変動する世論調査の動向に目を配っている。

その一例として、先ほどのオハイオ州を見てみよう。2016年までは代表的なスイング州だったが、2020年大統領選では扱いが変わっている。それはオハイオ州では、全米の傾向として民主党が善戦した2018年中間選挙で民主党候補が知事選で勝てず、どの下院選挙区でも民主党候補が奪還できなかったからだ。そのためオハイオ州はもはや「スイング州」ではなく、「共和党が優勢の州」になったとの見方が広がった。ところが2020年になって雲行きが変わり始める。新型コロナウイルス禍に加え、白人警官がミネソタ州で黒人男性を暴行死させた事件に対処できなかったとして、トランプ政権への批判が強まると、トランプ陣営も余裕があるはずのオハイオ州などでテコ入れを強いられた。どこがスイング州になるかは日々の社会情勢にも左右されている。

どんな人が候補者になる?

アメリカの大統領には、知事や上院議員などの政治経験者が多い。

ネットメディア「Vox(ヴォックス)」が初代ワシントン以降の大統領の職歴を調べたところ、公職(公選職と任命職)も軍歴もないまま大統領に就任した例は皆無で、第45代大統領トランプが初めてだった。

トランプ以前の大統領44人の経歴を集計すると、就任前に平均して13年の公職と5～6年の軍歴があった。4人に3人は何らかの連邦政府の仕事を経験してから大統領職に就いていた。44人のうち18人は連邦下院議員を、16人は連邦上院議員を、14人は副大統領職を、8人は長官職(Cabinet Secretary)を、17人は州知事を経験していた。全体の半数以上には軍歴もあった。

トランプ以外で公職経験がないのは、第12代ザカリー・テイラー、第18代ユリシーズ・グラント、第34代アイゼンハワーの3人だが、この3人を合計すると100年以上の軍隊経験があったという。

ちなみに大統領の年収は、40万ドル(4200万円)。フルタイムで働くアメリカの給与所得者の年収中央値が約5万ドル(約525万円)で、比べると8倍に相当する。ただ、米有名企業の最高経営者(CEO)に比べると、100分の1にも届かない。大統領職の責任や影響力を考えれば、抑えられた金額と言えそうだ。

カネのかかる選挙

大統領選の問題点として、金権政治化が長く指摘されてきた。監視団体「責任ある政治センター(Center for Responsive Politics)」によると、大統領選にかかった総額は表1-2の通り。オバマが初当選した2008年まで上がり続けていたが、前回2016年は2004年の水準に戻ったことになる。それでも1回の大統領選で約25億ドル(約2625億円)が使われた。

アメリカ大統領選は、候補者の立候補表明以降だけを見ても、本選挙での投票日までおおよそ1年半に及ぶ。この間、多くの場合、大統領選の候補者であることが職業のようになり、全米を回って選挙集会を繰り返す。長期戦を勝ち抜くのに不可欠なのが資金だ。使い道は、①人件費（全米各地に事務所を置き、選挙スタッフを雇う）、②旅費（候補者やスタッフが全米を行脚する旅費と宿泊費）、③宣伝費（テレビやラジオ、ネット用のCM費用）に大きく分類できる。近年は③が特に膨らんでいると指摘されている。

アメリカ大統領選では、一度でも陣営にメールアドレスを登録すると、毎週のように寄付を依頼するメールが流れてくる。大統領オバマが２００８年にインターネットを駆使して小口献金を多く集めることに成功した、という話を覚えている読者も多いかもしれない。

表1-2　アメリカ大統領選のコスト総額

2016年	24億9574万ドル
2012年	28億5968万ドル
2008年	32億3040万ドル
2004年	25億3932万ドル
2000年	20億5367万ドル

＊インフレ調整済み

実際のデータを見てみると、表1-3のようになる。ワシントン・ポストによると、オバマが２０１２年の大統領選で集めた小口献金は、陣営が集めた寄付金の3割超に相当し、実際の額でも割合でも相手候補ミット・ロムニーを引き離していた。２０１６年大統領選では、金額ではクリントンの方が勝っているが、割合ではトランプを下回っていた。

問題視されることが多いのが、富裕層や企業から献金を無制限に受け取れる「スーパーPAC（Political Action Committee）」の存在だ。独立して活動することになっているが、実際は特定の候補や政党に近いことが多い。ひと握りの大富豪が大口の献金をしているため、「選挙が買収されている」と批判されてきた。

表 1-3　両党の献金額の比較

	2016 年		2012 年	
	クリントン（民）	トランプ（共）	オバマ（民）	ロムニー（共）
陣営が集めた総額（単位 100 万ドル）	623	335	731	474
200 ドル以下の小口献金（同上）	102	89	234	25
小口献金が占める割合	16%	26%	32%	5%

ワシントン・ポストは2016年11月の大統領選の1カ月前に、大口献金者の動向を分析した記事を掲載した。同年8月末の時点で、スーパーPACは総額11億ドルの資金を集めており、大富豪10人の献金が全体の2割を占めていた。

かつて民主党候補は、大口の献金を受け取ることに慎重だったが、2016年の大富豪10人を分析すると、うち5人が共和党寄り、4人が民主党寄り、1人が無所属だったという。この無所属は、後に民主党から大統領選に挑む、前ニューヨーク市長マイケル・ブルームバーグだったことを考慮すれば、ちょうど共和、民主両党が半分ずつと理解してもよさそうだ。これらスーパーPACの資金の使途を分析すると、大統領選と連邦下院選に関連した9月のテレビCMなどの宣伝活動に総額6億4000万ドルが注ぎ込まれていたことが判明したという。

「みなさん，投票用紙を受け取りましたか？」
初戦となるアイオワ州の教会で開かれた共和党の党員集会で用紙を配布する女性(2016 年 2 月 1 日，アイオワ州)

第 2 章
予備選の現場を歩く

アメリカ大統領選の現場を案内したい。

大統領選は、政党が候補者を指名するプロセス(前半戦)と、各党の指名候補者が大統領の座をかけて競う本選挙(後半戦)の二つに大きく分けることができる。前半戦は、各党内のレースで、党内で首位を競う。後半戦は、党内レースを勝ち抜いた指名候補者による政党間のレースになる。二大政党制が定着しているアメリカでは、本選挙は事実上「民主党の大統領か、共和党の大統領か」という選択になっている。

まず、本章では、各党が自党の候補者を一人に絞り込む前半戦を扱う。次章で後半戦の本選挙を紹介する。読者の皆さんに取材車両の助手席に乗ってもらい、選挙戦の現場を回るようなイメージで記述を進めてみたい。

1　立候補表明

トランプの出馬演説は批判と冷笑のネタに

候補者による立候補の表明は、大統領選の号砲のようなものだ。次の大統領選にどんな人物が、どんなメッセージを掲げて挑むのかが注目を集める。

立候補の時期は、日本の常識からはとても早く感じられることだろう。２０１６年11月に当選した大統領ドナルド・トランプが出馬を表明したのは２０１５年６月だった。２００８年11月に当選した前大統領バラク・オバマの場合、出馬表明は２００７年２月だった。２０００年11月に当選したジョージ・Ｗ・ブッシュの場合、出馬は１９９９年６月だった。

つまり３人とも１年半近い耐久レースを走り抜いたことになる。厳密に言えば、正式な立候補の前から候補者は、資金集めのほか、自伝の執筆など、支持を広く呼びかけるための下準備を進めており、「前の大統領選が終わった瞬間から４年後の次の大統領選は始まっている」という言い方もされる。ミット・ロムニーは２００８年と12年に立候補したので、合計でほぼ８年間選挙活動に従事していたことになる。「彼の職業は大統領候補」とすら揶揄されたゆえんである。とにかく、候補者の体力はもちろん、資金力、幅広く支持を集める魅力、さまざまな利害を調整する政治力など、総合力が求められる。

「耐久レース」の流れを追っていこう。

現職トランプ（当時69）と前職オバマ（同45）のそれぞれの出馬演説を見てみよう。演説の中身だけでなく、演出にも「らしさ」が現れる。

トランプの立候補表明の場面は、繰り返しテレビで流されたので、記憶にある読者も多いのではないだろうか。ニューヨークの五番街にあるトランプタワーで開かれ、トランプは妻メラニアに続いて、エスカレーターで会場に降りてきた。テレビ画面に映し出されるトランプタワーの壁面は、ピカピカの金色が基調だ。

出馬演説は45分ほど。地元紙ニューヨーク・タイムズは以下の発言を紹介した。

「メキシコが自国民を(アメリカに)送ってくるとき、彼らは優秀な人は送ってこない。送ってきませんよ。送ってきませんよ。彼らは、問題をたくさん抱えた人間を送ってくるのです。彼らは薬物を運んできます。犯罪も運んできます。彼らはレイプ犯です。私が想像するに、一部はよい人たちでしょうけど」

「私は彼らがバカとは言っていませんよ。私は中国が好きです。私は中国の誰かにアパートメントを1500万ドルで売却したばかりです。そんな彼らを私が嫌いになるべきでしょうか?」

「私はサウジアラビア人を愛しています。このビル(トランプタワー)にも大勢のサウジアラビア人がいますよ。彼らは毎日大金を稼いでいます。あちらで問題が起きた時には、いつも我々が船(軍艦)を出しています」

「彼ら(他の候補者)がアメリカを再び偉大にすることなどありません。そのチャンスすらつかめないでしょう。完全にロビイストや献金者、特定の利益を得ている人々に支配されています。彼らが候補者たちをコントロールしているのです。私にもロビイストがいますが、彼らは私のために何でもやってくれるロビイストで、すばらしいのです」

「彼ら(他の候補者)には、このような聴衆が集まったことはありません。ある候補者は、空調が効いていないことも知らず、犬のように汗をかいていました。会場が広すぎたことも知りませんでした。そんな彼らがどうやってイスラム国(イスラム過激派)を倒すのでしょうか? そんなことができるとは私は思いません」

これらがニューヨーク・タイムズだけでなく、米メディアによって引用されてきたトランプの主な演説内容だ。中でもメキシコ人を「レイプ犯」と決めつけるかのように語ったことには批判が殺到した。若者に人気のテレビ番組が、トランプの出馬そのものを笑いのネタにするなど、エンターテイメントの素材になっていた。当時トランプに当選の可能性があると思っていた報道関係者は少なかったことだろう。

トランプ支持者の異なる受け止め

ところが、この演説を聴いて即座に支持を決めた人々がいた。

「オレは彼が気に入ったよ、出馬の演説で支持を決めた」

中西部オハイオ州の製鉄所で38年ほど働いて引退した男性ジョセフ(当時61)は、トランプの出馬演説を聴いて支持を決めた。投開票日の半年以上前、2016年3月に筆者に次のような趣旨で語った。

「オレは間もなく62歳になる。社会保障(年金)の受給が始まる。トランプを支持するのは、社会保障を削減しないと言ったからだ。ほかの政治家は削減したがっている。受給年齢を70歳まで引き上げる提案をしている政治家までいる。オレは、そんなことを言う政治家が嫌いだ」

更地になった製鉄所跡地を訪れたジョセフ．出馬演説を聴いてトランプ支持を即決した(オハイオ州)

ジョセフは、高校在学中の15歳から製鉄所の食堂で働き始め、18歳で年齢制限をクリアすると製鉄所に移り、最もきつい作業で知られる溶鉱炉に入った。基幹産業が廃れた「ラストベルト」地域の、ど真ん中を歩んだ肉体労働者だった。現役時代に身体を酷使してきたことから呼吸器系や膝、腰に持病を抱えている人が多い。40〜50歳代で早世した元同僚もいる。彼らには、長年の勤労で社会保障を「つかみとった」という意識も強い。そういう認識で、大統領候補者の言動を注視している。

メディアで発信する記者や評論家とは視点、関心が異なる。

筆者も例外ではない。「トランプが出馬演説で社会保障の保護を約束した」とジョセフに指摘されるまで、気付かなかった。演説を聴いたのに記憶にない、のである。トランプの出馬表明を改めて聴いてみた。すると、トランプは確かに社会保障に2回、言及していた。

「私のような誰かが国家に資金を取り戻さないと、社会保障は崩壊しますよ。他の人々はみんな社会保障を削減したがっているが、私は削減しません。私は資金を呼び込み、社会保障を救います」

「メディケア(高齢者向けの公的医療制度)やメディケイド(低所得者向け公的医療制度)、社会保障を削減なしで守らないといけません」

トランプは、財源をどう確保するかに触れず、「社会保障制度を維持する」という単純メッセージを繰り返しただけ。巨額の財源を必要とする社会保障制度の保護を訴えながら、同時に「最大の減税」も公約しており、どう両立させるかは何も説明していない。それでもジョセフにはメッセージが響いていた。大統領選のカギを握ったラストベルトの労働者へのメッセージに、トランプは、大幅減税や現行の自由貿易協定への批判だけでなく、社会保障制度の保護もしっかりと盛り込んでいた。

有権者はそれぞれの関心に沿って候補者の出馬演説に耳を傾けている。トランプが労働者階級にメッセージを送っていたことは明らかだった。労働組合に所属し、民主党支持の傾向が強かった労働者たち。そんな彼らに対し、トランプは出馬時点から「私を支持するために共和党に移ってきてください」と呼びかけていたのだ。

オバマの出馬演説「厚かましく、大胆」

前大統領オバマの出馬演説はどうだったのだろうか。

オバマは上院議員だった2007年の2月、地元イリノイ州スプリングフィールドで立候補を表明した。当時45歳で、上院議員1期目。アメリカ史上初めての黒人の大統領を目指すオバマは、選挙戦への参入を宣言する場にイリノイ州の旧州議事堂を選んだ。

第16代大統領になる前のエイブラハム・リンカンが1858年、奴隷制をめぐって南北に分裂したアメリカについて「分かれたる家は立つことあたわず(a house divided against itself cannot stand)」との演説を残した場所だ。アメリカの内戦、南北戦争(1861〜65年)が始まる、少し前のことだ。

2月のイリノイ州は極寒だ。それでも集まった大勢の支持者を前に、黒のロングコートに身を包んだオバマは「かつてリンカンが米国の統合を訴え、共通の希望と夢が今も生きているこの議事堂の前で、私は大統領選に出るために、あなた方の前に立っている」と宣言した。

キックオフを宣言する場所に、米国の歴史を重ね合わせた。この演説で、オバマは泥沼化するイラク戦争の終結、将来世代の脅威になる化石燃料への依存を減らし、温暖化対策を加速させる必要、医療保険制度の改革を訴えた。特に国民皆保険を目指した医療保険制度改革は、「オバマケア」の通称で知られるオバマ政権の代表的な政策の一つ。重要な政策が、出馬演説に盛り込まれていた。

一方、上院議員1期目という「経験不足」を指摘する声があることを念頭に、オバマは「(大統領選に挑むことが)いくぶん厚かましく、大胆なことはわかっている。私がワシントン流のやり方(政治)を学んだ時間は長くないこともわかっている。でも、ワシントン流のやり方が変わらなくてはならないと知るには十分な時間を過ごした」とも語った。党内レースで最大のライバルになることが確実視されていた、同じく上院議員のヒラリー・クリントン(当時59)を意識していたのだろう。

中でもオバマが演説で強調したのが、共和党ブッシュ(子)政権が2003年に始めたイラク戦争への批判だ。オバマは「軍隊の撤収を始める時期だ。どれだけの米兵の犠牲があっても、他国の内戦に横たわる政治的な不和を解決できないことを認める時期だ。だから私は戦闘部隊を2008年3月までに帰還させる計画を用意しているのだ」と訴えた。イラク戦争に当初から反対していた自身の立場を明確に示し、逆に開戦を支持したヒラリー・クリントンとの立場の違いを強調する狙いがあったのだろう。経験を売りにするクリントンに対して、オバマは再三再四、このイラク戦争での判断を指しながら「経験があっても間違うのだ」と批判した。これは反戦感情を強めつつあった民主党支持者の前で効果的な切り込みであった。

バイデンは3度目の挑戦

2020年大統領選の民主党ジョー・バイデン（当時76）の出馬演説も見てみよう。バイデンは東部デラウェア州から1972年に上院議員に初当選し、6期36年を務めたベテラン政治家で、オバマ政権で副大統領を2期8年務めた。2020年の出馬は、1988年、2008年に続き3度目だった。

正式な表明は2019年4月25日公開のビデオ動画。ジャケット姿で上半身が映し出されたバイデンは、こう語り始める。

「ヴァージニア州シャーロッツビル（Charlottesville）は、人類史上で最も偉大な文章の一つの起草者の故郷である。私たちは「われわれは、自明の真理として、すべての人は平等に造られ、造物主によって、一定の奪いがたい天賦の諸権利を付与されている」をそらんじる。あまりに頻繁に聞くので、ほぼ決まり文句になっている。でも、これが私たちなのです」

バイデンは、シャーロッツビルが、1776年7月4日に採択された「独立宣言」の起草者、トーマス・ジェファソンの故郷であり、万人の平等が、アメリカの出発点であると強調した。そして、こう続けた。「シャーロッツビルは、この数年間における、この国の決定的瞬間の現場でもありました」

この後、映像は2017年8月のシャーロッツビルに切り替わる。トランプが就任した半年後、白人ナショナリストらが大規模な集会を開き、世界に衝撃を与えた。この集会に抗議する人々も大勢集まった。そこに白人ナショナリストの集会に参加していた男が車で突っ込み、弁護士補助職員ヘザー・ヘイヤー（当時32）が犠牲になった。

シャーロッツビルの事件現場．この道を車が暴走し，1人が犠牲になった

事件で負傷した男性が車いすで現場を訪れていた（いずれも2017年8月）

集会を開いたのは、白人ナショナリズムを唱える「オルト・ライト」や白人至上主義団体クー・

クラックス・クラン(KKK)などの数百人。数百メートル先の公園には、奴隷制存続などを主張して南北戦争を戦い、敗れた南部連合のリー将軍の銅像がある。この街で白人至上主義者らが集会を開いたのは、市議会が銅像の撤去を決めたことに抗議するためだった。

トランプは当初こそ「人種差別は悪だ」(8月14日、原稿映写機の原稿を読み上げた記者会見)と述べたが、その後は「両者に非がある」「両サイドにとても良い人もいる」(同15日)と発言していた。

出馬表明の動画でバイデンは、「アメリカの大統領が「両サイドにとても良い人がいる」と言い、世界を驚かせ、この国の良心に衝撃を与えた。こう発言することで、大統領は、憎悪をまき散らす人々と、それらに反対する勇気を持つ人々を「けんか両成敗(a moral equivalence)」とした。この瞬間に私は、この国が直面している脅威は、私の人生で未経験の域に達していることを悟ったのです」と訴えた。その上で「ドナルド・トランプにホワイトハウスを8年間も任せてしまえば、彼は永遠に、そして根源的にこの国の品性、私たちの存在を変えてしまう。私はそれを見過ごすことはできない。アメリカの核心的な価値観が、世界における地位が、民主主義そのものが、そしてアメリカをアメリカたらしめる、全てのものが危機にある。だから私はアメリカ大統領選に出馬するのです」と述べた。

出馬演説なので、経済政策や外交政策を訴えることもできたはずだが、あえてトランプ時代の「事件」に触れ、トランプの再選を阻止することが重要であると訴えた。ベテラン政治家で、個別の政策論をわざわざ訴えなくても、自身の安定感はすでに国民に理解されているという読みがあったのだろう。

バイデンは動画公開の4日後にキックオフの集会を開いた。場所は、ペンシルヴェニア州ピッツバーグ。2016年の前回大統領選では大接戦の末にトランプが制した、ラストベルトの重要州だ。同州で生まれ育ったバイデンは、この州を民主党が奪還するべく乗り込んで訴えた。さまざまな業種の労働組合の関係者が集まった会場で、バイデンは「中流階級の復興」を掲げた。

「この国はウォールストリートの金融業者や経営幹部、ヘッジファンドのマネジャーによって作られたのではない。あなた方、そう、アメリカのミドルクラスによって作られたのです」

「家族を養うために生涯ずっと汗水たらして働く人々。全米で大勢の人々がこの国を機能させるために、毎朝起きて猛烈に働き、家族を養い、税金を払い、コミュニティでボランティア活動に参加していることを、私は見てきました」

バイデンは、ミドルクラスとは生き様(value set)であると語った。借家ではなくマイホームを手にできるようになること、子どもを学校に送り出し、高校卒業後も職業訓練校や大学などでも学べるようにすること。年老いた親を面倒みることができて、自分はまっとうな老後を過ごすことが出来ること。「これがミドルクラスだ。過大な要求なんかじゃない」

その上で、今のアメリカ社会は、それが困難になっていることを強調した。

「ミドルクラスが傷《いた》んでいる。皆さんの53％が、子ども世代は自分と同じ生活水準を維持できないと考えている。私の知る限りでは、長い間で、そんなことが起きるのは初めてだ」

「株式市場は活気があるが、そんなことは感じないでしょう。2兆ドルの減税が昨年ありましたが、実感できましたか？　何か手にできましたか？　もちろんできませんよね。減税の恩恵は富裕層と企業に行ったのです」

「これらにはさまざまな理由があるけれど、私には一つが抜きんでて見えます。かつての民主党と共和党の基本的な約束事が破綻しているのです。かつては企業経営が傾けば、みんなが打撃を受けてきましたが、そんな約束事はもうありません。経営の調子が良ければ、恩恵を受けるのは経営者と株主です。逆に経営が厳しいときに打撃を受けるのは労働者です。最近は一方通行になっているんです」

バイデンは、4年前にトランプに奪われた労働者階級へ向けたメッセージをふんだんに盛り込んだ。この層は長年の労働組合員で、民主党候補を支持する傾向が強かったが、16年大統領選では、石炭産業や鉄鋼産業の復活を訴えるトランプに多くの支持が流れたとされている。

2　予備選開始

どんな著名人でも予備選で勝てないとダメ

二大政党の大統領候補者は、大統領選挙がある年の夏に開かれる、それぞれの党の全国大会で指名される。党大会には、全米から選出された「代議員」が集まり、その過半数の支持を集めた者が、党の正式な大統領候補者に指名される仕組みだ。

大統領候補者に指名されるには、全米の代議員から支持を集めなければならない。これには二つの方法があり、一つが予備選（プライマリー）、もう一つが党員集会（コーカス）である。どちらの方法を採用するかは州や党で違っている。より仕組みが単純な予備選を採用している州が大半を占めている。

大統領になりたければ、各州の予備選と党員集会に参加し、多くの支持を集めて、それぞれの州に配分された代議員を獲得する必要がある。上院議員・下院議員など現職政治家が果たす役割は非常に小さい。

ここで、アメリカの選挙の特徴にお気付きになったかもしれない。

それは、アメリカでは、大統領や連邦議員、州知事など、主要な公職に対する政党の候補者の絞り込みが「予備選」や「党員集会」で行われる点にある。日本を含め、多くの民主主義国家では、党の内部で誰が公認候補になるかが決まる。その調整にはさまざまな力学が働き、とくに党の中央機関に大きな決定権がある場合が多い。日本の自由民主党の場合、衆議院の小選挙区に誰を擁立するかをめぐり、中央の決定と地元の利害が対立することもある。しかし、最終的には党の指導部が決める。

そう考えると、アメリカの仕組みは、わかりやすい。予備選なので、結果に至るプロセスが外部からも明白だ。誰が有権者の支持をより多く集めたか、で決まる。ワシントン政界の有力者だろうが、どんなに資金力をもとうが、地元の支持者に見放されれば、本選に進めない。常にチャレンジャーに道が開かれているとも言える。

実際に二大政党の重鎮が、予備選で若手の挑戦を受けて敗退する事態も起きている。最近では、連邦下院で民主党ナンバー4の実力者ジョセフ・クローリー(当時56)が、11期目を目指した2018年のニューヨーク州の下院議員選挙の予備選で、新人女性アレクサンドリア・オカシオ・コルテス(当時28)に敗れる大波乱があった。クローリーは党下院トップの院内総務の座を狙う立場だったこともあり、「ここ10年以上の中で最も重要な意味をもつ民主党現職の敗退」(ニューヨーク・タイムズ)などと報じられた。

大統領選も同じだ。どんな著名人でも、まずは党内レースである予備選（前半戦）を勝ち進まなければ、本選挙（後半戦）に進めない。

初戦アイオワ州、選挙集会だらけ

大統領選で最初の注目を集めるのが、前半戦の初戦、アイオワ州の党員集会だ。２０２０年は新型コロナウイルスの感染拡大で各州の日程が大幅に乱れ、プロセスを一般化できないため、２０１６年の場合で説明する。

民主党サイドでは、アイオワ州の党員集会が2月1日にあり、同9日にニューハンプシャー州の予備選があった。その後、ネヴァダ州（同20日）、サウスカロライナ州（同27日）と続き、3月1日にテキサス州など計11州で同時開催。その後も6月まで断続的に開催された。共和党サイドでは、やはりアイオワ州の党員集会が2月1日にあり、同9日にニューハンプシャー州の予備選があった。その後、サウスカロライナ州（同20日）、ネヴァダ州（同23日）と続き、3月1日にテキサス州など計11州で同時開催。その後も6月まで断続的に開催された。両党で似たような日程が組まれている。

両党とも前半戦を4～5カ月かけて各州で順次開催する。このような仕組みのため、国内外の注目は、アイオワ州やニューハンプシャー州など、開催時期の早い州に集まる。全米で最初に正式な選挙結果が出るため、「本当の勢いは誰にあるのか」が注目される。メディアの報道量も突出して多くなる。

もちろん候補者も力を入れる。特に知名度の低い候補者は、スタートダッシュで飛び出して目立ち、浮上することを狙う。若手の場合、ここで目立っておいて、次回以降の大統領選につなげたいといった思惑も働く。

実はアイオワ州もニューハンプシャー州も勝者に配分される代議員の数は大きくなく、その意味で党内レース全体に与える影響は限定的だ。それでも注目度は大きい。大勢の党関係者や報道関係者が集まるので、飲食店やホテル業界には稼ぎ時だ。ウォールストリートジャーナルによると、アイオワ州の投開票日には2000人のジャーナリストが取材登録しており、州都デモインのホテル業界だけでも党員集会直前の最終週に1130万ドル（約12億円）の収入になっていると州当局者は弾いている。同紙は「単純に需要と供給のバランスで、最後の3〜4日間（のホテル価格）はさながら中西部のマンハッタンと呼べるほどになる」との当局者の言葉を伝えている。

最近は共和党と民主党の候補者選びに、総勢20人ほどが参戦している。各陣営がアイオワ州やニューハンプシャー州の各地で集会を開くので、1月の両州は選挙集会だらけになる。報道陣は、少しでも効率よく、主要候補の集会をハシゴできるように日程を組む。筆者の経験では一日4つが限界だ。当時の取材メモをひっくり返すと、投開票日の前日（2016年1月31日）には、こんな風に動いていた。

【1】デモイン（Des Moines）の宿を出発　午前7時〜
　移動時間2時間半　130マイル（208キロ）
【2】選挙集会①　@シーダー・フォールズ（Cedar Falls）正午開始
　移動時間1時間半　70マイル（112キロ）
【3】選挙集会②　@シーダー・ラピッズ（Cedar Rapids）午後3時開始
　移動時間2時間半　140マイル（224キロ）
【4】選挙集会③　@デモイン　午後7時開始
　移動時間30分　10マイル（16キロ）
【5】選挙集会④　@デモイン　午後9時開始
　移動時間30分　10マイル（16キロ）
【6】デモインの宿に戻る　午前1時ごろ

1時間ぐらい早めに現地に到着して、なるべく近くに駐車場所を確保し、会場で有権者数人に15分ぐらいずつ話を聞く。集会中は候補者の演説をメモして写真を撮り、集会の終了後は会場にしばらく残って、有権者に感想を聞く。各地でそんな取材をしていると、どの集会も到着はギリギリか、少し遅れる。

アイオワ州(14万5000平方キロメートル)は広い。北海道(8万3000平方キロメートル)の1・7倍もある。振り返ると、アイオワ州での選挙取材が最もつらかった。一日に8時間ほど断続的に運転し、会場ごとに駐車場を探して回り、候補者の演説を4回聴き、写真を計400枚ぐらい撮影し、10人以上の有権者にインタヴューし、運転しながら取材データを整理した。最後は、このまま運転すると事故を起こすと心配になり、路肩に車を寄せて仮眠を試みた。その経験を書いたのが、以下のコラムだ。

(特派員メモ アイオワ州)強盗かと思ったら

眠い。これ以上運転すると事故になると思い、田舎道の脇に車を寄せた。

米大統領選の初戦があったアイオワ州でのこと。深夜の取材を終え、州都デモインに戻る途中だった。

座席を倒し、目を閉じた。

間もなく背後で車のブレーキ音がした。驚いてバックミラーを見ると、真後ろに止まった車から大男の影が近づいてきた。周囲は暗い。マズイ……。強盗を覚悟した。

窓をノックされたので、恐るおそる振り向くと、男性は大声で「大丈夫か？」。体調不良や車の故障を心配し、降りてきてくれたのだった。事情を説明すると、男性は大笑いして走り去った。

数分後、今度は別の車が真横に止まった。やはり男性が心配してくれた。わずかな時間に2台目。この調子だと、3台目も止まりそうだ。仮眠はあきらめた。

帰路いろいろと考えた。銃社会のアメリカだ。深夜、見知らぬ車に近づく方も怖いだろう。それでも当たり前のように声をかけてくれる。

自分にできるだろうか？　米国に赴任して1年半。まだ知らない魅力がこの国にあるのは間違いなさそうだ。（朝日新聞、2016年3月2日付朝刊掲載）

候補者に接近する大チャンス

アイオワ州では、同じ日に10人以上の候補者が選挙運動をそれぞれ展開している。有権者も分散するためだろう、一つ一つの集会の規模は大きくならず、普段はテレビでしか見られない候補者を至近距離で見ることができる。

1日に候補者数人の集会をハシゴしているという有権者にもよく出会う。州外からやってくる政治ファンも少なくない。集会の途中や後に、候補者に直接質問できる。写真撮影もできる。自分の地元州で予備選が開かれるころには、すでに多くの候補者がレースから脱落してしまっている。アイオワ州やニューハンプシャー州であれば、まだほとんどの主要候補が脱落していない。

集会は、学校の体育館、地域の集会所などで開かれることが多い。舞台の設定の仕方にも、各陣営の狙いが透けて見える。候補者が立つ舞台を低くし、その周囲を取り囲むように有権者の座席を配置する場合、候補者と有権者の距離は近い。候補者は真後ろも含めて、360度の角度から見られる対象になる。有権者とほとんど同じ高さの視線で語ることになり、親近感を演出できる。

有権者の中央に立つスタイルを選んだ候補者(共和党ルビオ). 舞台が低く, 有権者とほぼ同じ視線で語ることができる(2016年1月31日, アイオワ州)

これとは対照的に、大教室での講義のように、候補者が前方の演台に立ち、大勢の有権者に語りかける場合もある。2016年にトランプが好んだスタイルだ。リアリティーテレビ界のスターとして、即興でのやりとりはお手の物。そんな自信がみなぎっていた。

候補者が上院議員や知事の場合、出身州では著名人かもしれないが、全米規模の知名度はいま一つ、というケースが大半だ。そのため候補者は一般的に、自らの歩みを語り、なぜ立候補するに至ったのか、なぜ自分がアメリカの大統領にふさわしいと考えるのか、を説明する。アメリカは偉大な国家だが、○○には問題があるので、自分はこう変えたい——。そんな構成の主張が目立つ。

初戦アイオワ州で1位になった上院議員クルーズの集会(上)，2位になったトランプの集会(下)(2016年1月31日，2月1日，アイオワ州)

有権者に親近感を持ってもらう効果が期待できるのは、演説後の質疑応答だ。有権者の質問を受け付け、ユーモアをまじえながら答える。集会後も、遅くまで会場に残って有権者一人一人と対話し、記念撮影に応じる候補者もいる。一方で「次の集会に転戦しなくてはなりません」と説明し、舞台からすぐに消える候補者もいる。戦略はさまざまだ。

取材記者にも収穫の多い選挙集会

選挙集会の取材は、記者にとっても収穫が多い。

同じ日に複数の候補者の集会に足を運べば、それぞれの候補者の腕前や勢いを体感し、比較できる。政策論に偏り、会場の有権者を置き去りにしている候補者もいれば、会場の雰囲気に合わせながらジョークを交える器用な候補者もいる。テレビニュースで切り取られる映像からは十分に伝わらないものが、現場の集会には詰め込まれている。当然、有権者へのインタヴューは現地でしかできない。

選挙集会後に有権者との撮影に応じる候補者
(2016年1月31日，アイオワ州)

２０１６年大統領選で多くの記者にとって驚きだったのは、なんといっても、民主党内レースに参戦していた上院議員バーニー・サンダース(ヴァーモント州選出、当時74)の勢いだろう。当初は「民主党候補はヒラリー・クリントンで決定」という雰囲気が支配的だったが、サンダースは着実に巻き返していた。それが集会の熱気と規模に現れる。

筆者は２０１６年１月31日夜、共和党候補二人の集会取材を終え、時間が余ったので、サンダースの集会に立ち寄った。大学キャンパスの近くにある体育館だったが、到着時にはすでに超満員で入場制限がかかっていた。複数の入り口から入場を試みたが、係員に制止された。大勢の報道陣が入れず、会場の外から中をのぞき込んでいた。筆者は仕方なく廊下からガラス戸越しに集会を見ていたが、サンダースが「政治革命です！」と絶叫すると、会場を埋め尽くす有権者から地鳴りのような歓声があがった。窓ガラスに振動となって伝わってきた。隣で聞いていたイタリア人記者が「サンダースって「見込みのない候補」じゃなかったの？」と、目をまん丸にしていたのが印象深い。

「おまけ取材」のつもりで顔を出したのだが、振り返ると、あの日で「最も重要な現場取材」になった。政党が異なるとはいえ、共和党候補二人の集会に比べても、観衆の規模でも熱意でもサンダースの集会が圧倒していた。ホテルに戻ると、やはり同じ集会を取材

サンダース集会の会場入り口から手を伸ばして撮影した１枚．超満員，熱気があふれていた（2016 年１月 31 日，アイオワ州）

していたという同僚の記者も「こりゃ、サンダースは想定以上に力があるぞ」と驚いていた。

結果はその通りの展開になった。全米の知名度は低かったサンダースが、国務長官まで務めた本命クリントンとしばらく互角に勝負して見せたのだ。

選挙集会には、それぞれの候補の勢いが正直に出る。集まっている支持者の声を聴けば、彼らがどれだけ熱心に応援しているかも判断できる。これぱかりは、陣営もコントロールできないだろう。テレビを見ていても、そこまではつかめない。選挙集会の醍醐味だ。

これぞ民主主義の現場？

「党員集会」では、有権者が体育館や教会などに集まって議論しながら、候補者を選ぶ。党員集会を開いているのはアイオワ州やネヴァダ州など限定的だ。

アイオワ州の民主党は、州全域で１７００近い会場で党員集会を開く。各コミュニティの拠点である教会や集会所、体育館、図書館などが会場になる。開催日は火曜日なので、仕事帰りに立ち寄る人が多い。

参加者は、本選挙の日までに18歳になっていればよいので、党員集会の時点では17歳でも大丈夫。参加者は近所の人々に向けて、自身の「一押し候補」をアピールする。誰を支持するかを決めていない人は、それらのアピールにじっと耳を傾ける。日本の人々には新鮮に聞こえるのではないだろうか。近所の人々と「私は○○候補を支持します。理由は○○です。皆さんも○○候補を支持してはいかがですか？」「いえ、私は▽▽候補を支持します。▽▽などを掲げているからです」などと、政治の話をする機会は少ないだろう。

だいたい会場が開くのは夕方だ。有権者は入り口で参加資格の確認を受け、会場に入る。みんな、近所のスーパーに出かけるような格好で集まってくる。子連れも多い。

開催年や地域、政党で少しずつルールは異なる。２０２０年のアイオワ州の民主党ルールで説明を続けてみよう。プロセスは2段階を踏む。

会場には、各陣営が陣地を作る。仮に10人の候補者が参加していれば、会場に10の陣地ができることになる。有権者は、自分が支持する陣営の陣地に行く。A候補を支持する人は、A陣営の陣地へ、B候補を支持するならB陣営の陣地に行く。会場を見渡せば、多くの支持を集めた陣営と、そうではない陣営は一目瞭然になる。

各陣営に何人の有権者が集まったかを数える。参加した有権者の15％以上の支持を集められた候補者は「生き残り(viable)」と認定されるが、集められなかった候補者はここで脱落し、次の段階に進めない。ここまでが第1段階だ。

第2段階では、第1段階で脱落した候補を支持した有権者の動向に注目が集まる。彼らは、「生存」している候補の中から、支持する候補を選ぶ。

ここで「勧誘合戦」が起こる。A候補が脱落した場合、A候補を支持した有権者に向けて、他陣営は誘いをかける。例えば、B候補の支持者は、「A候補の外交政策とB候補は近い、ぜひBの支持に回って下さい」とアピールする。C候補の支持者も負けまいと「本選挙で共和党候補に勝てる可能性が最も高いのはCです。ぜひC候補の支持に回ってください」と呼びかける。そんな具合だ。

こうした勧誘合戦を経て、第2段階の最終的な獲得有権者の数を集計する。党員集会はアイオワ州各地の約1700カ所で開かれているため、全てを集計し、代議員が割り振られる。民主党の場合、獲得党員数に比例して代議員が割り振られる。

手作り感が満載の党員集会

筆者は2016年2月1日、アイオワ州の教会で開かれた共和党の党員集会を取材した。会場には子連れの女性、車いすの男性、作業着姿の男性らが200人ほど集まった。子どもたちは教会の長いすに腰掛け、ゲーム機で遊んでいる。そんな中で党員集会が行われた。

共和党は、民主党と進め方が異なり、投票用紙に候補者の名前を記入する方式を採用している。和気あいあいとしたものだった。

教会の長いすに腰掛けた有権者に、投票用紙が1枚ずつ配布される。投票用紙といっても、小さな紙に「２０１６年　共和党　党員集会」と印字されているだけの紙片だった。周囲に見られないよう囲いの中で記入するというわけでもなく、みんな長いすに腰掛けたまま、鉛筆やペンで候補者名を書き込み、関係者が集めて回っていた。

投票用紙の集計は、有権者を待たせたまま、会場で実施される。テーブルの上にばらばらと置いて、ボランティアが１枚ずつ手作業で開いて、候補者ごとの山を作っていく。候補者ごと

支持する有権者の名前を投票用紙に
記入する有権者

投票用紙を集めて回る男性

有権者の前で投票用紙の集計が始まった

テーブルの上に候補者ごとの山を作る

の整理を終えると、今度は枚数を数え始めた。

「トランプ候補、1、2、3、4、5……」

「クルーズ候補、1、2、3、4、5、6……」

集計は完全にオープンで、各陣営の代表者が真後ろで見ている。どの陣営を代表して来ているかは、それぞれの胸元などに候補者名のステッカーやバッジがあるのでわかりやすい。とても不正行為をはたらける環境ではない。

大統領選の取材が初めてだった筆者は当初、どこまで接近してよいのかわからず、後方から眺めていたが、会場の人に「記者なら最前列で取材すれば」と促されて、集計しているテーブルまで近づいた。

「海外メディアですが、写真を撮影してもＯＫでしょうか？」と聞くと、周囲から「なんでそんなことを聞くの」「いいに決まっているでしょ」という顔をされた。遠慮なく、バシャバシャと撮影させてもらった。

最後に紺色のジャケットを着た代表者がマイクで集計結果を発表した。会場からは歓声が上がり、拍手がわき起こった。党員集会が無事に終わった瞬間だった。代表者は最後に「これか

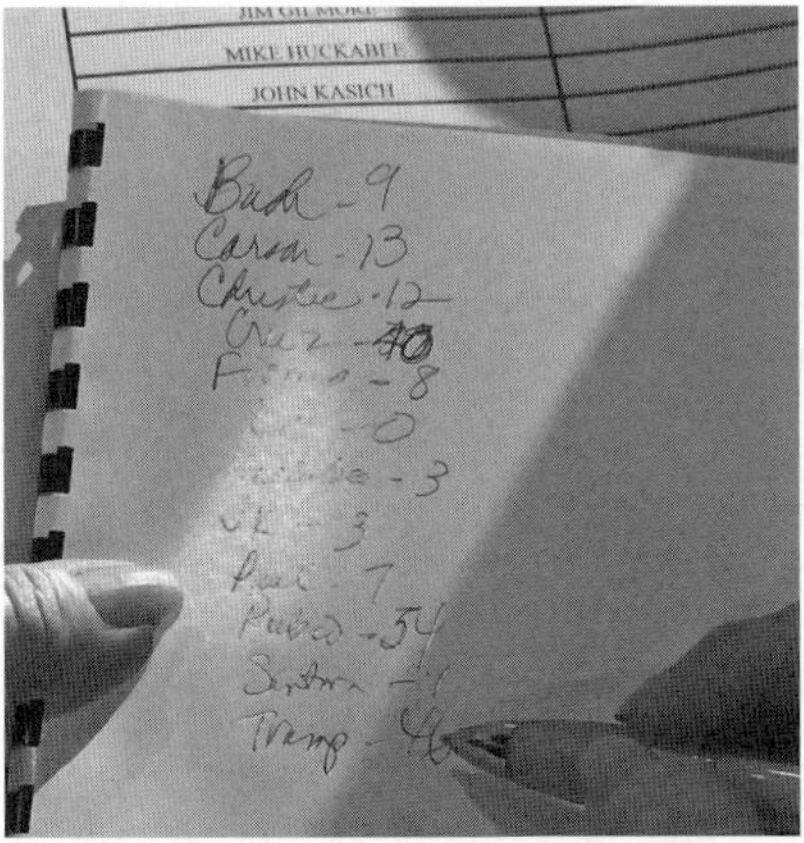

まずはノートに手書きで集計する係員

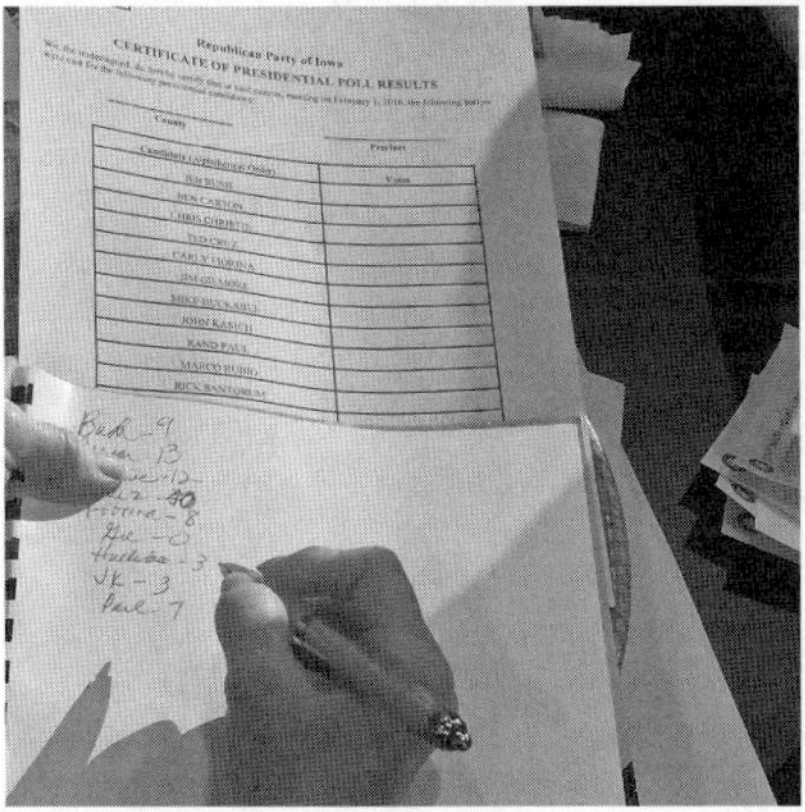

2度目の集計で枚数を再確認し，正規の記録用紙に結果を書き込んだ

ら党の州本部に結果を報告致します」と言った。

この日、同じような党員集会が州内で開かれ、その結果が州本部に一斉に集められた。筆者が取材した会場では、マルコ・ルビオが1位、トランプが2位、テッド・クルーズが3位で、この上位グループが4位以下を引き離していた。州全体での集計結果は、クルーズ1位、トランプ2位、ルビオ3位で、代議員は8人、7人、7人と配分された。

会場が開いてから終わるまで、1時間以上を要した。投票用紙に候補者名を記入して、投票箱に入れてオシマイの方式より、明らかに時間も手間もかかる。それでも参加者たちは、わいわいと党員集会を楽しんでいた。

第2戦はニューハンプシャー州

アイオワ州の党員集会が終わると、世間の注目は第2戦がある東部ニューハンプシャー州に移る。候補者はアイオワ州からニューハンプシャー州に大移動し、国内外の大勢の報道関係者が追いかける。

内陸の農業州で宗教保守派が多いアイオワ州に比べて、東海岸のニューハンプシャー州は、いくぶんか、リベラル色が強い。主な産業は電子機械や織物、製紙など。所得税などが他州に比べて低く、州外から移り住む人々もいる。州のモットーは「自由に生きる、しからずんば死を（Live Free or Die）」で、自動車のナンバープレートにも刻まれている。バイク利用の際のヘルメット着用義務をめぐって、２０２０年も議論が続いている州だ。

アイオワ州で好成績を出した候補は、その勢いをニューハンプシャー州でも維持しようと必死になる。アイオワ州でいま一つだった候補は挽回にもがく。２０１６年大統領選でも、各候補が必死の選挙戦を展開していた。

アイオワ州で得票率３％以下、６位に沈み、ニューハンプシャー州での起死回生を狙っていた元フロリダ州知事のジェブ・ブッシュは2月7日、公立中学校の施設で集会を開いた。会場

ニューハンプシャー州のモットーは「自由に生きる，しからずんば死を(Live Free or Die)」．車のプレートにも刻まれている

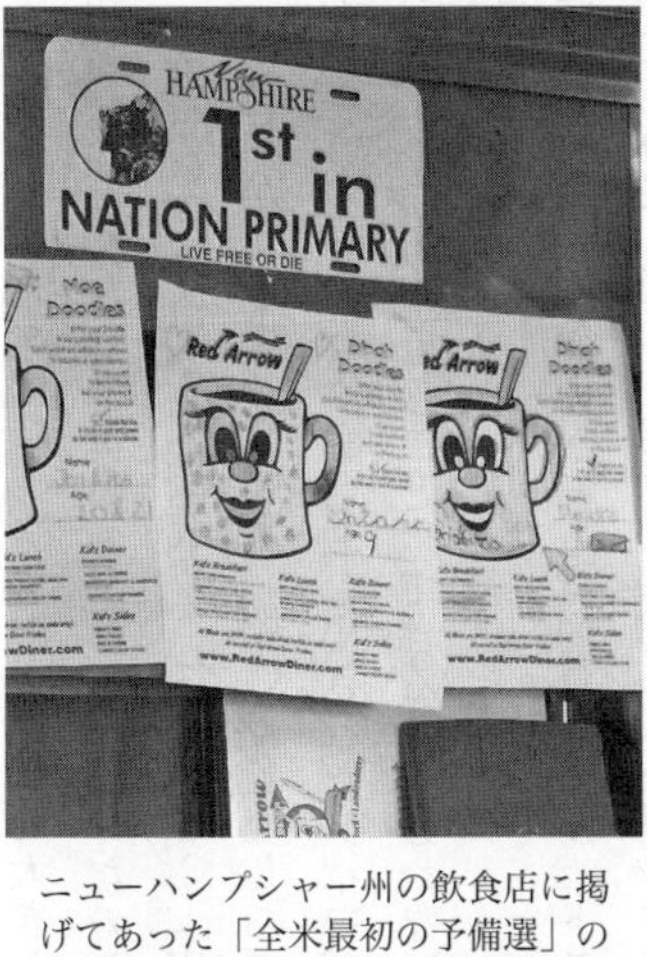

ニューハンプシャー州の飲食店に掲げてあった「全米最初の予備選」の看板．同州は，全米で最初の予備選が実施されることで多くの注目を集める

には、「より強いアメリカのための、信頼あるリーダーシップ」と書かれた大きな垂れ幕。政治経験ゼロのトランプを意識した、知事経験者としての実績のアピールだったのかもしれない。

会場では、ブッシュ支持者が「彼の強さは、これから何をやるかではなく、(実際に知事として)何をやったかを語れることだ」と経験があることを強調。続いて登壇したブッシュ本人は、現職の民主党大統領オバマを「彼はテレプロンプターに映し出された文章を、ストラディバリのバイオリンを弾くかのように(美しく)読み上げることはできるかもしれないが、どこに本物のリーダーシップがあるのだ」と批判した。

ところがブッシュにとって、真の勝負の相手は、勢いがある党内ライバル、トランプだった。ブッシュは言った。「彼は保守主義者でも何でもない。分断をあおるレトリックは国家にとって危険だ」「私は誇り高き保守主義者だが、リベラル派が悪人だとも思っていない」。異なる意見を持つ相手を「敵」とする認識は誤っていると訴えた。数日前に州内で流し始めた、2分に及ぶ選挙CMでも、トランプは退役軍人や身体障害者、女性を侮辱してきたとして、「他人を侮蔑するのは真の強さではない。深刻な不安と弱さの現れだ」と訴えていた。

だが、ニューヨーク・タイムズ(2016年2月3日付)は、ブッシュの厳しいキャンペーンの様子を記録していた。同じくニューハンプシャー州で開いた2月3日の集会では、ブッシュは国家を守る意気込みを語り、「実績もなく、大口を叩くことはしない」と力を込めた。もちろん政治家としての実績のないトランプを意識した発言だ。ところが観衆は静まりかえったままで、思わずブッシュ本人が「拍手をお願いします」とつぶやいた。聴衆からは、まず笑いが起きて、やっと拍手が鳴ったという。この選挙戦でブッシュが浮上することは、ついになかった。

トランプ快進撃の始まり

近年の大統領選で、ニューハンプシャー州で初勝利を飾り、弾みをつけたのは、やはり2016年のトランプではないだろうか。労働者階級が多い地域だけでなく、若者が多い学生の街まで回り、直前まで精力的に集会を重ねていた。ライバル候補より広い会場を選んでいた。

筆者(久保、金成)は、投票日の3日前の土曜日に現地入りして取材を始めた。トランプ集会を実際に見に行こう。1時間ほどの山道をドライブして、同州ホルダーネス町の大学に着いた。トランプは拳をふりあげて聴衆を鼓舞していた。「海外に流れた仕事をアメリカに取り戻す」。トランプはジョークを交えながら、メキシコからの移民や、日本や中国の「為替操作」を批判した。根拠を何も示さない、言いっ放しの演説が続くが、会場の若者からは大きな歓声があがっていた。

「小話の連続や、根拠の乏しい話を50分も聞かされるのは、なかなかつらい」。これが筆者二人の感想だった。では、肝心の若者たちはどう感じたのだろうか。

会場の外で待っていると、男子学生二人組が出てきた。いずれも大学1年の18歳で、一人は化学専攻、もう一人は社会学専攻。やけに満足そうな表情をしていた。

「退役軍人たちへの支援をすると言っていたところに惹かれたよ。多くの友人が海兵隊にいるけど、除隊したら彼らに支援が必要だと思う。僕にとってはそれが一番の支持の理由かな。あとは経済を好転させる方法がすばらしかった」

「職業政治家じゃないところもいいことだ。今は腐敗した人たちが政府にいることが普通になってしまっている。前回、職業政治家じゃない人が大統領になったのはロナルド・レーガンだったけど、彼もすばらしい功績を残した。トランプが大統領になればアメリカの未来はいい方向に変わると思う。彼はアメリカを再び偉大にするんだ」

それぞれ気に入った理由を語ってくれた。

トランプ集会に満足し，投票を決めたという男子学生2人(2016年2月7日，ニューハンプシャー州)

一人で会場に来ていたマクスウェル・ラーソン（当時25）も興奮気味だった。すでに大学を卒業して、近くで働いているという。

「トランプが指摘した政治の欠点は的を射ていた。今の政治には金がかかりすぎている。彼は大富豪で、誰にも借りがないところがいい。だから共和党の基本スタンスと違うことも平気で主張できる。たとえば、貿易政策が間違っていることについて、（民主党左派の）バーニー・サンダースに同意した。自分の意見をきちんと持っていて、他の候補だったら言えそうにないことをはっきり言っていた」「他の候補はつまらない。昨日はジェブ・ブッシュの集会に行ったけど、あまりにつまらないから途中で帰って来たよ」

当時から、トランプの支持者には高齢者が多く、リベラルな傾向の強い若者には「偉大なアメリカをもう一度」との郷愁のスローガンは支持されないと指摘されていたが、若者からの支持も集めている様子だった。

リバタリアンもトランプ支持

大学でのトランプ集会が終わり、西に車を走らせる。同州ダンベリーの山道に入ると、黄色い旗を掲げた民家を見つけた。2010年の中間選挙で穏健派議員を次々と落選させた保守運動「ティーパーティ（茶会）」の人々が使っていた旗だ。

屋外から声を掛けると、腰に拳銃を着けた上、ライフル銃を抱えて、男性が出てきた。電気技師ロバート・バカッロ(当時32)。都市の騒がしさを逃れるため、7年前に妻と山奥に移り住んだという。連邦政府が借金を増やしている現状が不満だ。将来、増税になるのではないかと懸念する。大統領選ではトランプに投票すると決めていた。

「彼は不動産帝国を築いたビジネスマン。アメリカのためにも大きな仕事をやってくれそうだ。その事実だけで巨額の借金を抱えたこの国の大統領に就く資格がある。職業政治家ではない大統領の方が変化を起こせる指導者になれる」

トランプが銃を所持する権利を尊重すると発言していることも気に入っているという。「誰かが家に侵入してきたら、命と資産を自分で守らないといけない。私は反撃する。さっきも君たちが外で車を止めて、車のドアを閉める音が聞こえ、犬が鳴き始めた。当然警戒したよ。銃の所持は毎日24時間だ。世界各地で大量殺害が起きてい

ライフル銃を抱えて取材に応じたトランプ支持の男性
(2016年2月7日，ニューハンプシャー州)

る。被害者の中に数人だけでも銃を持っている人がいれば、どれだけの命を救えただろうか。トランプが言うとおりで、パリのコンサートでの事件は悲劇だ。客は銃を持っていなくてもいいけれど、会場の誰かは持っていないといけない。きちんと銃の扱い方を訓練した人がいれば、多くの命を守れた」

「トランプは政治家ではない。アウトサイダーが政治に入ることはいいことだ。他の候補者と違って、本当に思っていることを、そのまま話している。正直な男だ。さらに彼は自分で選挙資金を出している。誰かが資金を出していれば、何かを意味している。誰かのために働かないといけなくなる。トランプにはそれがない」

氷点下でじっと待つ支持者

投票日の2月9日夜はニューハンプシャー州マンチェスターに向かった。トランプ陣営のパーティ会場に入るためだ。トランプが勝てば、ここが初の勝利演説の場になる。開票が始まる数時間前に到着したが、すでに駐車場は支持者の車であふれていた。正規の駐車スペースではないところに車を押し込み、入り口に急いだが、会場の外には長い行列ができていた。

入りきれない支持者らが氷点下の屋外でじっと待つ。アメリカは消防法が厳しく、それぞれの建物に入れる上限人数が厳格に適用されている。会場から一人出れば、屋外で待っていた先

トランプ勝利のニュース速報に大喜びするニューハンプシャー州の支持者たち（2016年2月9日）

頭の一人が中に入れるという具合だ。筆者二人も外で2時間ほど待ち、やっと中に入れた。並んでいた際、真後ろの子ども（と言っても高校生くらいに見えたが）が我慢しきれずに泣き始めると母親がしかりつけ、泣き止ませた。

会場の中では、支持者たちがテレビの開票速報に釘付けになっていた。バーで買った酒を飲み始めている支持者も少なくない。「ニューハンプシャー州でトランプ勝利確実」の速報で最初の大歓声が起こり、トランプ本人が舞台に姿を現すと、2度目の大歓声が沸き起こった。

候補者が乱立する中、トランプはニューハンプシャー州で35％超を獲得し、2位（16％）に大差をつけた。トランプの快進撃はこの勝利から始まった。

山場「スーパー・チューズデー」で大復活も

アイオワ州とニューハンプシャー州を経て、次に注目されるのが「スーパー・チューズデー」だ。多くの党員集会や予備選挙が重なる火曜日で、選挙戦の流れを一気に決める破壊力がある。

2020年の民主党レースの場合、2月にアイオワ、ニューハンプシャー、ネヴァダ、サウスカロライナ各州で1州ずつ開催されてから、3月3日にスーパー・チューズデーを迎えた。最大州カリフォルニア州など計14州で予備選が実施された。

配分される代議員数で見ると、規模感の違いがはっきりする。アイオワ州は41人、ニューハンプシャー州は24人、ネヴァダ州は36人、サウスカロライナ州は54人で、2月に配分されるのは総勢155人分の代議員だ。それが3月3日には計14州で1300人以上の代議員が、たった1日で配分される。2月の4州で健闘しても、スーパー・チューズデーでひっくり返される可能性が残る仕組みだ。

それがそのまま現実になったのが、2020年の民主党候補バイデンだ。アイオワ州で4位、ニューハンプシャー州で5位と低迷したが、サウスカロライナ州(2月29日)で反撃ののろしを上げ、スーパー・チューズデーの14州ではテキサス州など10州で連勝した。中でも黒人有権者の割合が多いサウスカロライナ州などでの大勝は、復活を強く印象づけた。米メディアは「現代政治史で最も大きく、速く、予期せぬ復活」(CNN)、「スーパー・チューズデーで世界を驚かせ、バイデンが再びフロントランナーに」(CNBC)、「バイデンが死に体から生き返った」

（ニューヨーク・タイムズのコラムニスト）などと伝えた。

それはそうだろう。普通はアイオワ、ニューハンプシャーの2州で振るわないと、本選に向けた強さに疑問符がつく。実際、両州で勝てずに二大政党の候補になれたのは、予備選の仕組みが今のようになった1972年以降では、2020年のバイデン、1992年のビル・クリントン、1972年のジョージ・マクガバンの3例だけ。いずれも民主党候補で、共和党候補

ニューハンプシャー州で初勝利したトランプが，続くサウスカロライナ州の序盤で4割超を得票したことが報じられると（上），会場は沸いた（下）（2016年2月20日）

はゼロだ。

この3例を見ても、1972年のマクガバンは両州で2位に、1992年のクリントンはアイオワ州で3位、ニューハンプシャー州で2位に入った。つまり首位にはなれなくとも、いずれも健闘していた。ところが2020年のバイデンは、穏健派の候補が乱立して票が分散したことも影響し、繰り返しになるがアイオワ4位、ニューハンプシャー5位と事実上の大敗を喫していた。これほどの復活劇はない。

考えてみれば、さまざまな基準で候補者が試される過酷なスケジュールである。アイオワとニューハンプシャーは圧倒的に白人が多い州であり、人口は少ない。そこで直接有権者と接することが要求される。ネヴァダとサウスカロライナになるとヒスパニックと黒人の割合が一気に高くなり、多様性の中で選挙戦を展開することになる。そしてスーパー・チューズデーでは、ほぼ全国におよぶ広範かつ多数の州での勝負を強いられる。

緒戦2州で結果が振るわず、そのまま失速した「著名候補」は少なくない。

2016年の共和党レースでは、父と兄が大統領を務めた「名門一家」として抜群の知名度と資金力を誇り、主流派の本命だったジェブ・ブッシュがアイオワで6位、ニューハンプシャーで4位、サウスカロライナで4位と苦戦が続き、撤退に追い込まれた。終盤には、当時90歳の母親で元ファーストレディーのバーバラ・ブッシュも登壇するなど、一家を総動員した選挙戦に頼ったが、トランプの足元にも及ばなかった。

2008年の共和党レースでも、著名人が失敗した。ニューヨーク市長(在任1994年1月〜2001年12月)として同市の治安改善で称賛され、2001年9月の同時多発テロに対処したルドルフ・ジュリアーニ(当時63)の知名度は抜群だった。それでも2008年大統領選の共和党予備選では、アイオワ州6位、ニューハンプシャー州4位と振るわず、その後もしばらく選挙戦を続けたが撤退に追い込まれた。

予備選で「負けて、勝った」若手も

緒戦2州で目立つことは、特に若手の政治家には重要な意味を持つ。無名候補でも、全米に、いや国外にまで名前を売り込むことができるからだ。

ピート・ブティジェッジ(38)が好例だろう。2020年の民主党指名を目指した、前インディアナ州サウスベンド市長だ。アイオワ州でサンダースと首位争いを演じて一躍注目を集め、ニューハンプシャー州でも2位に入った。演説や討論会での弁舌の巧みさに加え、同性婚を公表し「多様性」を体現する政治家であることや、当選すれば史上最年少の大統領となる清新さから「新星」と期待された結果だ。

ところがブティジェッジは3月1日、天王山となる同3日のスーパー・チューズデー直前に突然「我々がこの選挙戦にとどまることで引き起こす影響に責任があります。我々の目標は常にトランプを打ち負かすために団結し、我々の価値が反映された時代を勝ち取ることです。そうした目標と理想を遂行するためには、選挙戦から身を引き、党と国がまとまる助けになることが最良と考えました」と述べ、撤退を表明した。穏健派の票が分散し、バイデンを含めて、共倒れになることを懸念したのだ。ブティジェッジは翌2日、バイデンの集会に参加し、支持を表明した。

2020年大統領選の民主党予備選で健闘したブティジェッジ．著名政治家に仲間入りした（2019年4月，ニューヨーク）

民主党内レースで穏健派の票が分散することを防ぎ、大ベテランのバイデンに道を譲った功績は評価されている。バイデンが大統領になれば、閣僚ポストに任命されるなど、活躍の舞台が与えられることだろう。２０２０年は、ブティジェッジが民主党の将来を担う政治家候補の一人として急浮上した年としても記憶されることになる。２０２４年、２０２８年の大統領選では、再び彼の名前を聞くことになるかもしれない。

恐ろしい党内ディベート

アメリカはディベート、討論会の国だ。法曹界や政治家を志し、高校生の頃からディベートの腕を磨き、全国大会での入賞を目指す若者もいる。大統領候補ともなれば、公開の場で、司会者からの厳しい質問に答え、ライバルからの突っ込みもかわし、余裕の笑顔でやり返す。そのぐらいのパフォーマンスが求められる。ステージ上での振る舞いは、テレビカメラに克明に記録され、全米に流される。自宅やバーで観戦する人もいれば、ニュースの記事や番組となったもので概要を知る人もいる。

一般的に大統領選の討論会と言えば、共和党、民主党という二大政党の指名候補を勝ち取った候補者による直接対決で、数多くの名勝負が繰り広げられてきた(次章で詳述)。だが、両党の候補者指名争いの段階での討論会もなかなかおもしろい。党内レースの討論会でも、とにかく真剣勝負だ。ポイントを稼ぐ候補もいれば、大きく失速する候補もいる。

最近の失敗例は、2016年の共和党指名をトランプらと競った、上院議員ルビオだろう。外交政策に明るく、キューバ系移民の子として「アメリカン・ドリーム」の物語も持ち合わせている。元フロリダ州知事のジェブ・ブッシュに並び、党主流派が期待する若手の候補だった。ところがニューハンプシャー州の予備選を目前に控えた討論会は失敗に終わった。

「オバマは、自分が何をしているかわかっていないなんて作り話はこれを最後にきっぱりと捨て去りましょう。彼はちゃんと自分がやっていることを理解しています。オバマはこの国を変えるために着実に努力し、アメリカが他の国々みたいになってしまうように仕向けているのです」という趣旨のフレーズを、同じ討論会で4回も繰り返してしまった。保守派の一部には、「建国以来アメリカは偉大な世界一の国なのに、過激派オバマがアメリカ的なモノを意図的に捨て去り、アメリカを破壊しようとしている」という主張があり、それに沿ったメッセージだった。オバマへの不満に訴えかける狙いがあったのだろう。

とはいえ、ただでさえ発言機会の少ない討論会で同じフレーズを繰り返せば、誰もが気付く。ルビオが繰り返し始めると、同じ舞台上のライバル候補、ニュージャージー州知事クリス・クリスティーから「ほら始まった、ほら始まったぞ」「丸暗記した25秒スピーチが来ましたよ。みなさん、またやってますよ」とからかわれた。

クリスティーは若手ルビオを諭すように続けた。「マルコ、こういうことなんだよ。アメリカ大統領や州知事になれば、アメリカがいかにすばらしいかという、丸暗記した30秒スピーチをしてるだけじゃ、結局は有権者一人の問題一つすら解

前評判は高かったが，3月に撤退に追い込まれた上院議員ルビオ

決できない。「除雪をしてほしい」「学校を再開してほしい」と期待される。上院議員は、そういった問題に直面しないだろう。上院議員も大切な仕事だし、キミがその任務を志したことを嬉しく思うけど、それじゃ合衆国大統領には足りないんだよ」

2時間ほどもある討論会の全体を見ていない有権者でも、数分間に圧縮されたハイライトをニュース番組などで見ている。ルビオとクリスティーの発言はあっちこっちで繰り返し取り上げられた。メディアからも「壊れたCDがスキップしているかのようだった」(FiveThirtyEight)、「ロボットのようなパフォーマンス」(ワシントン・ポスト)と酷評された。アイオワ州で3位に入ったルビオだったが、この討論会の直後のニューハンプシャー州予備選は5位に終わり、1カ月後に撤退した。

共和党の討論会は、トランプの存在故にほとんどが高い視聴率を記録した。テレビ局は、報道ではトランプに批判的でありながら、彼のおかげで大きな利益を得ていた。トランプ発言は事実誤認も多いし、品がいいとは言えない。ライバルを「ちびマルコ(Little Marco)」などと平気で呼ぶ。ただ、普段政治の討論に関心を持たない一般国民にとっても、「おもしろい」ことは確かである。ある時、テッド・クルーズが、自分もメキシコとの国境に壁を作ると言い出した。「ただし、私はその費用をトランプに払わせる」と述べた。どの程度真剣であったかは推測するしかないが、大うけであったことは間違いない。

２０２０年に民主党指名を目指した大富豪の前ニューヨーク市長、マイケル・ブルームバーグ(78)も2月の討論会でつまずいた。テレビやネットで広告を大量に流し、直前には支持率が急上昇して注目されていたが、過去のセクハラ疑惑や人種差別的な政策について他の候補から批判され、切り返せなかった。

中でも上院議員エリザベス・ウォーレン(70)の「私たちは、女性のことを「デブ女」「馬面レズビアン」と呼ぶ億万長者と戦っている。トランプではなく、ブルームバーグ前市長のことだ」「(セクハラ疑惑をめぐり)何人の女性と秘密保持契約を結んできたのか」との発言には会場から多くの拍手が沸き起こり、ブルームバーグが立ち往生する姿が繰り返し放映された。メディアは「ウォーレンは60秒でブルームバーグのキャンペーンを破壊した」などと報じた。

討論会の醍醐味は「スピンルーム」にも

討論会はテレビで全米に生中継される。最近は動画で発信されるようになったので、日本からでも観戦できる。討論会での発言を記事にするだけであれば、記者はわざわざ開催地に行く必要がない。実のところ、記者の大半は会場に入れず、近くに開設されるプレスセンターでテレビ観戦し、記事を書いている。何かと騒がしいので、オフィスや自宅のテレビを見ている方が静かでよっぽど集中できる。

それでは、なぜ、多くの記者が会場に行くのか？

答えの一つが、会場に設営されるスピンルーム（Spin room）だ。討論会の終了後に候補者本人や候補者の代理人がスピンルームに出てくるため、彼らの話を聞いたり、直接質問をぶつけたりできる場になるのだ。

日本の報道機関だと、米大統領選に費やせる記事の分量が限られるため、スピンルームでのやりとりが記事になることは少ない。それでも、候補者本人の人柄や度胸、陣営が自分たちをどのように演出したいのかなどがわかるので、おもしろい。

討論会の会場近くに体育館のような大きさのプレスセンターが設営され，中には記者 585 人分の座席と電源が用意されていた．記者はモニターで討論会を視聴し，原稿を書く．討論会の会場には入れない

英語で「スピン」とは、自分に都合のよい解釈を相手にすり込む行為を意味する。辞書には「（政治家などによる）言葉の偏った解釈」などと出てくる。つまり、当局者や当事者らが報道陣に対して、一定の意図をもって情報や解釈を提供することを指す。

たとえば、討論会で劣勢だった候補者Aやその陣営幹部が、スピンルームで記者団に「こんなに討論会でみんなを説得できるとは思っていなかった」「私たちの訴えに会場が沸いていたね。人々が求めていることを私が提案できたからだよ」などと訴え、記者たちの認識に影響を与えようと試みる。「Aは劣勢だった」との記事や論評を書こうとしている報道陣の認識を変えようと、スピンをかけるわけだ。

討論会が始まる前のスピンルーム

米メディア各局はインタビュー用の場所を確保している．討論会の後，ここから全米に生中継する（いずれも 2015 年 12 月，ネヴァダ州ラスベガス）

公共ラジオ放送NPRの記事(2016年2月13日)では、大統領選の討論会で何度も司会を務めた経験を持つ、CBSニュースの元アンカー、ボブ・シーファーが、スピンルームについて「新たな情報(事実)が出てくることはない。候補者が出てきて「今晩はうまくいかなかった」と(正直に)言うのを聞きたいものだが、それは起きない」と説明。そもそもスピンという言葉は、事実を「ねじ曲げること」や「曇らせること」を示唆しており、「その結果、スピンは報道陣の敵であるべきだ」と、記事は指摘している。

一方、ニューヨーク・タイムズのホワイトハウス担当記者、マギー・ヘイバーマンは、スピンルームに行くことの意義を次のように説明する。「候補者の本音を引き出すことができる」「候補者の自信の度合いを知ることができる」

記者にスピンをかける「スピンルーム」ご案内

イメージをつかんでいただくために、筆者が取材した討論会をご案内したい。

2015年12月にネヴァダ州ラスベガスで実施されたCNN主催のものだ。翌年11月の大統領本選まで1年近くあるが、共和党内レースは1カ月半後に始まる前半戦に向けて白熱していた。当時、トランプが33%の支持率で、15人以上の候補の中で独走している状態だった。2位は上院議員クルーズ(支持率16%、テキサス州選出)、3位は上院議員ルビオ(同12・6%、フロリダ州選出)、4位は外科医ベン・カーソン(同12%)、5位は元フロリダ州知事ジェブ・ブッシュ(同4%)で、残りは支持率3%以下に沈んでいた。

討論会の終了後、大勢の記者がスピンルームで待機していた。最初に入ってきたのは、南部サウスカロライナ州選出の上院議員リンゼー・グラムだった。よくテレビ番組に出ているため知名度は高いが、支持率はさっぱり。それでも本人を、メモやマイクを手にした記者が取り囲む。グラムは、討論会で「手応えがあった」と語ったが、この討論会後まもなく撤退した。

スピンルームに出てくるのは，候補者本人だけではない．共和党全国委員長ラインス・プリーバスも大勢の報道陣に囲まれた．「共和党にはよい候補者が多く，討論会の質も高かった」という趣旨でコメントしていた．額面通りに受け取る報道陣は少ないことだろう

これと対照的なのが、勝ち残る見込みがあるとされている「主要」候補たちだった。多くの場合、本人は出てこない。報道陣に四方八方を囲まれて、矢継ぎ早に厳しい質問をされると、かえって不規則発言や失言のリスクが高まるためだろう。その代わり、スピンルームに出てくるのは陣営幹部たちだ。筆者が取材できたのは、3位ルビオの陣営幹部だった。候補者本人でないとテレビ映えしないため、カメラクルーは集まらない。それでも実際に大統

領になれば、陣営幹部がそのまま側近として登用される可能性があるためだろう、記者たちは少しでも関係を構築しようと、連絡先を交換しようと努めていた。

大勢の記者が最後に待ち構えていたのは、当然首位を独走するトランプだった。私は当時、まだトランプの個性を理解できていなかったため、トランプ本人が姿を見せた時には驚いた。繰り返しになるが、支持率の上位グループはリスクを避けて、本人は出てこないと思い込んでいたからだ。

最後の最後に主役トランプが登場した．満面の笑みで報道陣の中央にやってきた

トランプは大勢の記者が待ち構える、そのど真ん中に歩いてきた。スポットライトを浴びて、満面の笑みを浮かべながら、「皆さんに会えてうれしい」と挨拶。マイクを突き出すテレビ局の記者の前に立ち止まり、カメラに向かって30秒ほど話す。それを少しずつ歩いて繰り返していた。

記者たちは、少しでもヘッドラインになるようなトランプの言葉を引き出そうとしていたが、トランプは「討論会で○○候補はよい振る舞いだった」「○○候補とはこれからもうまくやっていけると思うよ」と全方位に褒め言葉を送っていた。予備選が本格化する直前の討論会ということもあり、いくら支持率で首位を独走中とはいえ、なるべくライバルを刺激しないようにしていたのかもしれない。

2015年12月当時、共和党の主要候補はほかに、ルビオ、ブッシュ、クルーズと見られていたが、彼らはスピンルームのフロアには姿を見せず、特定のテレビ局など報道機関の取材に応じていた。一種のリスク管理だったのだろう。

疲れ果てる同行記者たち

予備選の真っ最中、筆者は、米メディアのトランプ番記者たちと行動したことがある。トランプの出馬表明から丸1年の時期で、みんな疲れ果てていた。体調を崩している記者もいれば、集会の会場に到着してもチャーターバスに居残り、寝続けている記者もいた。

トランプは自慢の自家用ジェットで、1日に複数州にまたがり数カ所を回ることもある。それを記者が民間の航空機で追いかけているとカバーしきれないためだろう、トランプ陣営は、同行記者が乗れるチャーター機やバスを手配していたのだ。いわばトランプの追っかけ取材団だ。

どの陣営もメディアになるべく報道してもらいたいと思っている。他の主要な陣営にも、似たような同行取材団があったようだ。チャーター機であれば、バスは空港の機体の横につける

筆者が乗ったバスは，ニューヨークのトランプタワーの脇から出発した（2016年6月，ニューヨーク・マンハッタン五番街）

ことができて、搭乗手続きも簡素で、短時間で済む。

気の毒だったのは、大手ケーブルテレビのクルーたちだった。重い機材を毎回のようにバスから下ろして、会場内に運び込んで組み立て、数時間後には片付ける。トランプがどこで何を言い出すかわからないので、最初から最後まで、とにかくカメラを回し続ける。

新婚だという男性記者は、ある晩、筆者にこうぼやいた。

「オレさ、もう疲れたよ。トランプが出馬する前にさ、もう1年も前になるけどさ、上司から「どうせトランプは数カ月で脱落するから」と言われて「トランプ番」の仕事を割り振られたんだ。当初はオレもそんなもんだと思ってたけどさ、脱落する気配がないよな！　まともに自宅に帰れてないんだ！」

冗談なのか、本音なのかわからない嘆きだった。

接戦州を攻める電話作戦、選挙ボランティア

候補者本人が各州を回る間、一般の支持者はどうしているのだろうか。

筆者はニューヨークに駐在していたころ、「ニューヨーク選出の上院議員ヒラリー・クリントンが強すぎて、ここでは選挙運動は起こらない」と思い込んでいた。ところが、実際は違った。それが電話を使って他州の有権者に働きかける人海戦術、「フォン・バンキング」だ。

「投票日まで残り10日、アイオワ州に集中よ。首位ヒラリーに追いつけるわ！」

ニューヨーク・マンハッタンのアパートの１室から，アイオワ州の有権者に電話をかけるサンダース支持者のボランティアたち

２０１６年１月22日夜、ニューヨーク・マンハッタンのアパートの一室。自宅を開放した主催者のマリナ・ルッツ(当時56)の掛け声で、サンダース支持者の「電話作戦」が一斉に始まった。２月１日に党員集会が開かれるアイオワ州の有権者がターゲットだった。

集まった7人全員が初対面のボランティア。西に１８０0キロ離れたアイオワ州の有権者に電話をかけて、集めた感触を戸別訪問で「地上戦」を展開するアイオワ州の運動員と共有していたのだ。

初めてフォン・バンキングを取材した筆者は当初、「サンダースを支持してください」と電話越しに呼びかけるものと思い込んでいた。しかし、彼らの会話内容に耳を傾けると、そうではなかった。ボランティアは、有権者が投票に行くつもりか、支持する候補者を決めたか、どんな争点に関心を持っているかを熱心に聞き取っていた。いわば、支持を迷う「浮動票」の所在を確認し、現地で「地上戦」を展開する戸別訪問スタッフに情報を提供していたのだ。そうすることで、限られた時間内に効率的に有権者を回れるという戦略だった。

主催していたマリナが言う。「誰に投票するかを決めていない有権者がいれば、戸別訪問して、関心のある争点を教えてもらい、その争点に対するバーニー(・サンダース)の立場を説明するのです。逆に共和党員で、バーニーに投票するつもりは一切ないと答える人の自宅は優先度が下がります。有権者の情報を集めているのです」

本章を書くに当たって筆者はあらためてマリナの取材ノートを確認したが、当時サンダース陣営が持っていた情勢認識が正確だったことに驚く。この取材時点では、2016年2月1日のアイオワ州、2月9日のニューハンプシャー州、2月20日のネヴァダ州を目前に控えていたが、彼らの電話作戦はアイオワ州に集中していた。その理由についてマリナはこう語っていた。

「バーニーはニューハンプシャー州では勝てそうだけど、アイオワ州はヒラリーとの大接戦になっている。だから私たちはアイオワ州に注力している。彼の課題は、知名度の低さ。名前だけでなく、彼の政策や立場を有権者に知ってもらう必要がある。そのためには初戦のアイオワで勝ち、全米メディアに報道してもらう必要があるのです」

当時、全米規模の世論調査ではクリントンが13ポイント差の優位だったが、アイオワ州ではサンダースが猛追していた。各社の世論調査でもほぼ拮抗し、CNNの調査ではサンダースがリードしていた。実際、サンダースは得票率49・6％と大健闘し、クリントン（49・9％）とほぼ互角に競った。第2戦ニューハンプシャー州では、サンダースが6割超を獲得し、クリントン（38％）を大きく引き離した。

サンダースの追い上げを支えたのが若者層。アイオワ州では30歳未満の7割強が、全国でも25歳未満の3人に2人がサンダースを支持。ウォール街を批判し、経済・社会的な格差の是正や、高騰する公立大学の授業料無償化などを掲げるサンダースに共鳴する。

「電話作戦」に加わったニューヨーク市立大のコートニー・ギブソン（当時33）は学費を賄うため、日中は家電量販店で週3日、夜間も飲食店で働く。仕事帰りに参加した公立高校教諭ジョン・ハミルトンも「金銭的理由で進学を断念する学生を毎年見てきた。教育機会は均等であるべきだ」と支持の理由を語った。

電話作戦は、こうしたボランティアたちによって全米各地で行われている。

決着

2016年2月に始まった民主党内のレースは、6月に何とか事実上の決着がついた。

6月6日、AP通信が独自に特別代議員の意向を集計し、クリントンが指名獲得に必要な代議員総数の過半数を確保したと報じた。クリントンは、それまでの予備選と党員集会の投票結果に基づき、「一般代議員」1812人を獲得。これに加えて、7月の民主党の全国大会で投票権を持つ連邦議会議員や州知事らの「特別代議員」の中で、クリントン支持を明らかにした人が571人にのぼり、一般代議員と合わせて指名獲得に必要な2383人に到達したと報じたのだ。

AP通信の独自集計は信用度が高く、他メディアも引用して「クリントン勝利」を報道。CNNも同日、同様の集計を伝えた。クリントン本人は7日、ニューヨークで演説し、「この国の歴史で初めて、女性が主要政党の大統領候補になるという画期的な事を成し遂げた」と勝利を宣言した。同日のツイッターでも「今夜、私たちは誇りを持って言える。頑丈すぎて壊せない壁も、高すぎて破れない天井もない(there is no barrier too great and no ceiling too high to break)」と決意を示した。

一方、共和党内レースは、民主党よりも1カ月ほど早く決着がつき、トランプが共和党候補になることが固まった。

5月3日開催のインディアナ州予備選でトランプが大勝し、獲得代議員数で2位につけていた上院議員クルーズ（当時45）が「インディアナ州に全てを注いだが、有権者はもう一つの道を選んだ。我々は選挙戦から撤退する」と表明したのだ。

トランプが指名獲得を確実にした瞬間だった。トランプは、同州の勝利で獲得代議員数を積み上げ、指名獲得に必要な代議員総数の過半数（1237人）まで200人ほどに迫った。クルーズは、残り9州での逆転は事実上困難になっていた。

クルーズ陣営の会場に設営されたテレビの選挙速報に見入る支持者たち

米メディアが速報でトランプ勝利を伝えた．TRUMPの名前の横のチェックマークが勝利確定を意味する．開票率17%の時点で，トランプがクルーズに約20ポイント差をつけていた

共和党予備選からの撤退を表明した上院議員クルーズ（中央）．左が父ラファエル，右端が妻ヘイディ（2016年5月3日，インディアナ州）

この夜、大勢の記者がクルーズ陣営の会場に集まった。クルーズ本人が撤退を表明する可能性が高まったからだ。クルーズが父を連れて舞台に登場した時、「いまから撤退演説をするに違いない」と上司に電話を入れている記者もいた。

「カナダ移住」と語った批判者、トランプ支持者に

会場に集まったクルーズの支持者からは落胆の声があがった。

インディアナ州の会社員ブライアン・アダムス(当時52)は「反トランプ連合の結束が遅すぎた。もっと早く、反トランプの候補者が一枚岩になれていれば、トランプの勢いを止められたかもしれない、残念だ。クルーズは上院議員として試されてきたが、トランプは公選職として一度も試されていない。最初から最高位の大統領職は危なすぎる。私は共和党員だが、トランプには投票できない。本選挙は棄権する。万一トランプが大統領になれば、カナダ移住を真剣に考える」と話した。

元食肉店員ジャッキー・ロトン(当時41)は失業中で、その期間を利用してクルーズ陣営で働いていた。「連邦政府の役割を制限しようと主張してきたクルーズを支持する。彼の上院議員としての投票行動を見れば、真の財政保守派であることは疑いがない。彼が大統領になれば、合衆国憲法の枠内で政府の権限を抑制的に行使し、政府支出を絞り込み、経済を活性化し、雇

用が戻ると思う。一方のトランプは他人の悪口ばかり言っている。単なる、いじめっ子。演説でも「オレを信じろ」ばかり。「オレを信じろ」は政策ではない」と話していた。

ところがおもしろいもので、追跡取材すると、アダムスとロトンは、いずれもトランプ支持者に変わっていった。

筆者が本選挙の前、２０１６年10月15日に電話を入れると、アダムスは「今回は目をつむってトランプに入れる。いや、トランプに入れるのではなくて、共和党候補への投票と自らに言い聞かせる」と話した。半年前の「棄権する」からの方針転換だった。

さらにトランプの就任後に電話を入れると、アダムスは明るい調子で答えた。「私は間違っていた。トランプに多大な疑念を持っていたけれど、彼の大統領職にはとても満足だ。「職業政治家(career politician)」ではない人が政権にいることが新鮮だ。ビジネスマンが大統領職に

トランプが大統領になれば「カナダ移住を考える」と話したブライアン・アダムス(2016 年 5 月，インディアナ州)

就いていることが新鮮だ。職業政治家が大統領だと、ほとんど何も物事が進まない。トランプは仕事を成し遂げたがっていることが伝わってくる。とてもよいことだよ」

アダムスは新鮮（refreshing）という言葉を繰り返した。また、「職業政治家」とは、政治家が職業化している人を指す。何らかの政策目標を実現するために政治家になるのではなく、政治家であること自体が目標になっているという趣旨で、極めて批判的に使われる。

具体的にはトランプ政権の何を支持しているのか。「一つ目は、（米欧など6カ国とイランがオバマ時代の2015年に結んだ）イラン合意に追加署名しなかったこと。賢い。イランが核武装しないという確証がないからね。二つ目は、パリ合意からの離脱表明だ。ビジネスにプラスだ。ビジネスにプラスなことはアメリカ人にプラスだ。私は地球温暖化の理論をあまり信じていない。他の全ての国が支持しているからといって、アメリカも支持しなければいけないということにはならない」

ロトンは本選前の取材に「トランプに投票はするが、支持はしない。つまり、トランプ当選のためにボランティアはしないし、1セントの献金もしない。単にヒラリーが大統領になっては困るので、投票だけはする」と答えた（2016年10月15日、電話取材）。アダムス同様に、トランプへの評価が低いロトンだったが、ちょうど1年後の取材では評価が正反対に変わっていた。

「驚くと思うけど、実は私はトランプ支持者になったのよ。彼の判断力は大統領として証明された。大型減税の実現は共和党の大統領として当然だけど、アメフト選手が人種差別への抗議で国歌斉唱時に膝をついた問題があったでしょ？　歴代大統領だったら「人種差別だ」と批判されることを恐れて何も言わなかったと思うけど、トランプは「星条旗への侮辱は許されず、国歌斉唱は起立するべきだ。さもないとクビだ」と批判した。批判を恐れない姿勢を支持する。それに彼がワシントンの常識に縛られずに行動するから、ワシントンの腐敗が暴露されている。トランプが実態を明らかにしている。議会の多数派を共和党が握っているのに法案を満足に通せていない。利益団体の献金漬けになり、言いなりになっている議員がいかに多いかを証明した。功績の一つよ」（2017年10月15日、電話取材）

「「オレを信じろ」は政策ではない」と話した元食肉店員ジャッキー・ロトン（2016年5月，インディアナ州）

連日のように米メディアでトランプの言動が批判される中、アダムスやロトンのように、就任後にトランプ支持に転じた人々の存在が、筆者には意外だった。しかし、共和党支持者や保守派の間では、トランプの支持率は各種調査で8～9割で推移している。さらに予備選で共和党に「反トランプ」の動きがあったことを考え、元々は批判的だったが、就任後にトランプの仕事ぶりを評価するようになった支持者は党内に少なくないのかもしれない。

大統領選が目前に迫る中，激戦州ミシガンで選挙集会を開いた共和党候補トランプ(写真左の後頭部)．演説を終えると，最前列で待ち受ける熱心な支持者と記念撮影に応じたり，帽子にサインしたりしていた(2016年9月30日，ミシガン州のデトロイト郊外ノバイ)

第3章
本選の現場を歩く

1　全国党大会

夏の政治ビッグイベント

夏になると、大統領選のビッグイベント、全国党大会が開かれる。各党が別々に開き、代議員の投票で、正式に党指名候補が決まる。主人公は、当然、この党指名候補者だ。

とはいえ、この全国党大会の前に、誰が主人公になるのかは決まっている。その年の1～2月に始まる各州での予備選挙や党員集会を経て、主人公はすでに代議員の過半数を獲得し、メディアが派手に報じているからである。一般の代議員は自由投票ではなく、出身州の予備選や党員集会の結果に従い、どの候補に投票するか拘束されている。また、主人公は党大会の前には、誰を副大統領候補とするかを発表することが多い。その結果、全国党大会で新たに決まることは多くなく、儀式的なイベントの色合いが濃くなっている。

会場は、お祭りムードそのもの。11月の本選挙に向けて党内を結束させ、一丸となった雰囲気を演出する場になっている。党の指導層や若手の注目株らの基調演説が数日間にわたって続くので、政治好きにはたまらない。全米にテレビ中継もされるので、党の若手政治家には大切なアピールの舞台にもなる。あとで詳述するが、バラク・オバマが全米規模の注目を集めたのは、2004年夏の党大会(ジョン・ケリーが指名候補になった)でのスピーチだった。

党大会のハイライトは、なんといっても主人公の指名受諾演説だ。一般的に、アメリカが直面する課題を指摘し、ライバル候補を批判し、自らの政策案や指導力の優位を訴える機会になる。党内レースで生じた党内の亀裂を修復し、本選挙に向けての結束を求めるメッセージも盛り込まれる。

新たな挑戦を求めたケネディ受諾演説

2008年の民主党全国大会でオバマが正式に指名候補になり、受諾演説を行った。この際に米メディアが引き合いに出したのが、ほぼ半世紀前、1960年7月のジョン・F・ケネディの受諾演説だった。注目されたのは両候補の共通点、若さだ。オバマは当時47歳、ケネディは43歳だった。

ケネディの演説は、初のカトリック教徒の大統領候補である点に懸念を抱く有権者を安心させる狙いがあった。同じキリスト教でも、プロテスタントが長く主流だったアメリカにおいて、当時、カトリック教徒にはローマ法王など国外からの影響力が及ぶのではないかとの懸念が南部を中心に根強かった。

ケネディには1946年以来の下院議員と上院議員としてのキャリアが計14年ほどあった。ケネディは、それを念頭に「憲法を守り、自由で公正な判断を下し、宗教的な圧力をはね返す私の能力を皆さんは信頼して下さいました。この14年間で、公教育と政教分離を支持し、あらゆる勢力や分野の圧力にも抵抗してきたことは、誰の目にも自明です」と主張。その上で「私の宗教的な所属を理由に、私への支持や不支持を決めて、参政権を無駄にしたり、1票を捨て去ったりしないようにお願いしたい。宗教的な所属は関係ない」と強調した。

もう一つ、ケネディの受諾演説は「新たなフロンティア」の概念を示したことでも評価されている。東西冷戦下、当時のアメリカ社会にはソ連に宇宙開発で先を越された「スプートニク・ショック」(1957年)が残っていた。新たな大統領候補として、ケネディは国家としての目標を示し、国民に挑戦することを求めた。

ケネディは、全国党大会が開かれたカリフォルニア州ロサンゼルスの会場で、「私はかつての最後のフロンティアで西を向いて立っている。背後には3000マイルの道のりがあり、開拓者たちは安全や快適な生活、時には命をもかけて、新たな世界を築くために西に向かった。

（中略）今日では、こうした闘いは終わり勝利した、アメリカにもはやフロンティアはない、と言う人もいるでしょう。でもすべての問題が解決されたわけでも、すべての闘いに勝利したわけでもなく、私たちは今日、ニューフロンティアの縁に立っているのです」と呼びかけた。

その上で、フロンティアの向こうには、科学、宇宙、戦争、貧困、無知と偏見など、まだまだ挑戦が必要な「未踏の地」が有無を言わせず広がっていると指摘。「将来のために現在を犠牲にしているロシア人(the Russian)と張り合う気概はあるか、それとも、将来を犠牲にして今を楽しむのか？　それがニューフロンティアから投げかけられている問いだ」「皆さん一人一人に、このニューフロンティアにおける開拓者になってもらいたい」と訴えた。

「法と秩序」回復を誓ったトランプ受諾演説

２０１６年の大統領選では、共和党が先に、全国大会を7月に4日間の日程で開いた。場所は、中西部オハイオ州のクリーブランド。これは共和党が、同州を重視したことを意味する。党大会は、テコ入れすれば、勝てるかもしれない州の中から、重要な場所を選ぶことが多い。

トランプは7月19日に同党の大統領候補に指名され、最終日の同21日に指名受諾演説を行った。演説時間は約75分間に及び、過去40年で最長だった。

トランプは現状の非難を続けた。当時のオバマ民主党政権に加えて、長年政界の中央にいるヒラリー・クリントンの批判になるからだ。概要をお伝えしたい。

「アメリカは何十年もかけて犯罪を減らしたが、現(オバマ)政権が警察を減らし、状況が逆戻りしている。50の大都市で去年の殺人件数は17％増えた。首都では殺人が50％増。大統領の出身地シカゴでは今年だけで2000人超が銃で犠牲になった。職務中に殺された警官は、去年の同時期より50％も増えた。国外追放を命じられた18万人近くの犯罪歴のある不法移民が今夜も野放しで市民を脅かしている」

「新たな不法移民は今年(7月の時点で)、すでに2015年の1年間の人数を超えた。何万もの不法移民が野放しになっている。このように入国した男がネブラスカ州で、無実の若い女性の命を奪った。彼女は21歳で、大学を優秀な成績で卒業した翌日に殺された。男は、法の網の目をくぐり抜けて逃亡中だ。現政権には、彼女は保護する価値のない、一人のアメリカ人の命に過ぎないのです」

「アフリカ系アメリカ人の子の10人に4人近くが貧困生活で、若者の58％が雇用されていない。オバマ大統領が8年前に就任したときに比べて、貧困に苦しむラティーノは200万人も増えた」

「世帯収入は2000年以降、4000ドル以上も下がった」

「オバマ大統領は、国家債務を19兆ドル超に倍増させたが、道路や橋は壊れ、空港はまるで第三世界のようだ。4300万人がフードスタンプで暮らしている」

アメリカの現状を徹底批判したのに続き、クリントン批判を始めた。過激派組織イスラム国(IS)やリビアの米大使館襲撃事件、イラクの混乱、欧州の難民危機などを列挙し、こう続ける。「(国務長官)ヒラリー・クリントン氏が残した遺産です。死、破壊、テロリズム、弱さです」

トランプは受諾演説で、任期中にますます多用するようになった「法と秩序」に4回、言及した。「米国民が再び最優先されるでしょう。私の計画は国内の安全から始まる。「法と秩序」なくして繁栄はない」「私には、街の平穏と警官の安全を脅かす、一人残らず全ての者にメッセージがある。来年、就任の宣誓をしたら、私は「法と秩序」を復活させる。私を信じて下さい。信じて下さい」という具合だ。元大統領リチャード・ニクソンに象徴されるように、共和党大統領が好んで使う言葉だ。

そして、自分と民主党との違いは「我々の計画が米国第一である点です。我々がやるのはアメリカ・ファースト。グローバリズムでなく、アメリカニズムが信条です」と強調。「大企業、エリートメディアと大口の献金者が、対立候補(クリントン)の選挙戦を支えている。彼らは、彼女をコントロールできるので、資金を投じているのです。彼女は操り人形で、彼らが糸を引いている」「私は毎朝、ないがしろにされ、無視され、見捨てられた人々のために変化をもたらそうとの決意で目を覚ますのです」

具体策としては、北米自由貿易協定(NAFTA)の離脱検討、環太平洋経済連携協定(TPP)反対、不法移民対策としての国境での壁の建設、減税、エネルギー規制緩和、医療保険制度改革(オバマケア)撤廃、インフラ投資の促進、難民・移民の受け入れ制限、保守派の最高裁判事の任命などを挙げた。

政府の介入をなるべく減らし、自由な市場を志向する共和党の主流派はこれまで自由貿易を推進してきた。2012年の党綱領では「TPP交渉を妥結させる」としており、共和党にとってトランプ路線は大きな政策転換だった。

クリントンの「反論」受諾演説

共和党の全国大会の翌週、民主党全国大会が開催された。開催地は、ペンシルヴェニア州のフィラデルフィア。共和党のオハイオ州同様、ラストベルトの重要州だ。

クリントンは7月26日、同党の大統領候補に正式に指名された。最後まで指名を競った上院議員バーニー・サンダースが「クリントン氏がアメリカ大統領の民主党候補に選出されることを提案したい」と支持を呼びかけ、クリントンが党の大統領候補に正式に選ばれた。欠席や、支持を表明しない政治家が相次いだ共和党とは対照的なシーンだった。

2日後の指名受諾演説は、経済格差やテロなど国内外に広がる不安や怒りを憂慮しながらも「希望」に焦点を当てた内容だった。1週間前の共和党大会で、トランプが米社会の現状を暗く描いたことが念頭にあるのは明らかだ。

「彼(トランプ)は私たちを外国から分断し、私たちを分断させようとしています。私たちが未来を恐れ、お互いを恐れることを望んでいます。民主党の偉大な大統領F・D・ローズヴェルトは80年以上前、今よりずっと危険な時期にトランプ氏に対する完璧で痛烈な非難の言葉を発しています。「私たちが唯一恐怖するべきものは恐怖自体である」です」

「私たちはいつものように試練に立ち向かいます。壁は作りません。その代わり、よい仕事を望む、全ての人がそれを手にできるような経済を作ります。この国の経済に貢献している多数の移民のために市民権への道筋を用意します。やるべきことがたくさんあります。(2008年のリーマン・ショック)経済危機以来、昇給していない人が大勢います。不平等が大きすぎます。社会的な流動性が少なすぎます。ワシントンは機能不全です」

「私たちは世界で最も活力があり、多様性のある国民です。若者はかつてないほどに寛容です。最強の軍もあります。最も革新的な起業家たちもいます。自由と平等、正義、機会という不朽の価値観があります。私たちは弱くない。何よりも「私だけが解決できる」などと言う人を信じてはいけません。トランプ氏がクリーブランドで実際に口にした言葉です。自分だけが解決できる？　彼は忘れているのではないか？　前線の部隊を。警察官や消防士たちを。医師や看護師たちを。教師たちを。起業家たちを。母親たちを。彼は私たち一人一人を忘れている。アメリカ人は「私だけが解決できる」とは言わない。「一緒に解決しよう」と言うのです」

そして、自身の選挙スローガンにつなげた。

「「結束すれば強くなる」というのは、ただの歴史の教訓でも、選挙スローガンでもありません。常に国のあり方の指針であり、未来の指針でもあります。アメリカは最上位層だけでなく、万人にとって経済が機能する国です。どの郵便番号の地域に住んでいても、よい仕事を得られ、子どもをよい学校に通わせられる国です。すべての子どもたちが夢を抱き、その夢の実現が可能な国です。家族が強く、地域社会が安全で、愛が憎しみに勝利する国です。私は謙虚さ、決意、アメリカの将来に対する無限の確信を抱いて、アメリカ合衆国大統領候補の指名を受諾します」

クリントンは、予備選で生じた党内の亀裂の修復も試みた。「民主党は働く人々の党です。私の最大の使命は、より多くの機会と良質な雇用をつくることです」と、格差是正や中間層のてこ入れに注力する姿勢を鮮明にした。

また、最低賃金の引き上げや大学の学費の無料化など、サンダースが訴えてきた、リベラル色の強い政策も並べた。財源については、「ウォール街や企業、超富裕層に公平な税負担をしてもらいます。彼らの成功に怒っているからではなく、利潤の90％以上が最上位1％の手に渡っているかぎり、そこにお金はあるからです。税の優遇措置を受けているのに、企業が雇用を海外に流出させるなら、彼らに返金してもらい、国内での雇用の創出に使います」と説明した。トランプへの直接の批判も繰り返した。

「トランプ氏は実業家だから、経済に詳しいはずだ、と考えている方もいるかもしれません。詳しく見てみましょう。アトランティックシティでは、トランプ氏が請求書の支払いを拒んだせいで、全てを失った業者や中小企業の姿があります。彼が大統領になるために使っている宣伝文句は「私を信じれば、大もうけできる」ですが、中小企業に使ったのと同じです。トランプ氏は勤労者に外れくじを引かせたのです」

トランプが自国第一主義を掲げることについては、トランプブランドのネクタイが中国製で、スーツがメキシコ製で、家具がトルコ製で、額縁がインド製であることを説明し、「彼はまず、実際に再びアメリカでモノを作ることから始めるべきです」と皮肉った。

乱れる足並み、党内レースの亀裂

それぞれの党の全国大会で、主人公がいくら党の結束を求めても、直前までの予備選で非難合戦が繰り広げられた場合、亀裂の修復は容易ではない。それが党大会で表面化することもある。２０１６年は、共和党、民主党の両サイドで深い亀裂が確認できた。

一般的に全国大会には、党の結束を確かめるため、同じ党に所属する歴代の大統領経験者ら主要な政治家が勢揃いする。しかし、共和党大会には、ジョージ・H・W・ブッシュ（父）とジョージ・W・ブッシュ（子）がトランプへの支持を表明せずに欠席したほか、元大統領候補（いずれも敗退）のミット・ロムニーとジョン・マケイン、トランプと共和党の指名を競った地元の州知事ジョン・ケーシックも出席を拒むなど、とにかく異例な展開だった。

トランプと最後まで指名を競った上院議員テッド・クルーズは登壇した。ところが「指名を獲得したトランプ氏を祝福する」とまでは言ったものの、演説が始まってもなかなか「トラン

共和党全国大会で，ブーイングを浴びながら演説する上院議員クルーズ

トランプが指名されたことに懸念を口にしたボイド・マスソン（いずれも 2016 年 7 月 19 日，共和党全国大会）

プ支持」を明言せず、会場にはブーイングが渦巻いた。演説が進む中、支持に触れないクルーズに会場のトランプ支持者から「トランプ！　トランプ！」と支持表明を促す声が飛んだが、無視し続けた。クルーズは予備選中に、父親に関するデマ情報をトランプに流されており、溝は深刻だったと見られる。

亀裂は支持層にも広がっていた。

共和党の会場にいた代議員の一人、シンクタンク代表のボイド・マスソン（50、ユタ州）は、「今のままでは本選挙でトランプ氏を支持できない。トランプ氏はわかりやすいメッセージは届けたが、具体策を1年間語っていない。製造業を海外から取り戻す？　どうやって？　それを語らない人が大統領になるべきではない。私は今も迷っている。そんな有権者は少なくないはずだ。本選で勝てるか否かは彼自身の振る舞いにかかっている。スローガンだけではクリントン氏に勝てない」と話した（継続取材で判明したこと＝全国党大会から4カ月後の本選挙で、マスソンは共和党トランプに投票した。２０２０年7月には「トランプ大統領の3年半の政権運営に満足している。経済を活性化させた功績が大きい」と話した）。

サンダースも制御できない「政治革命」

民主党サイドの亀裂も深刻だった。

民主党全国大会で，サンダース支持のプラカードを掲げる党員たち(2016 年 7 月 25 日)

全国党大会では、サンダース自身が壇上で敗退を認め、「この会場や全米の多くの人が(自分が指名争いで敗れた)最終結果に失望しているだろう。私も誰よりも失望している」と支持者の落胆に理解を示しながらも、「クリントン氏が次期大統領にならなければならない」と演説した。

しかし、会場では、主人公であるクリントンの名前が出るとブーイングするサンダース支持者の姿が目立った。サンダースの敗北を認めず、「予備選が操作されている」「不正な制度だ」と不満を募らせる一部の支持者たちは、抗議の意志を示して座り込みなどを行った。「彼女を刑務所に送れ(Lock Her Up!)」などと、トランプ支持者が好む言葉まで飛び出した。

背景には、民主党の仕組みでは、予備選と党員集会を通じて配分される「一般代議員」以外に、連邦議会議員や州知事らの「特別代議員」に全国大会での投票権が多く与えられていることがある。党執行部の意向が、党主流派のクリントンに有利に働くとして、サンダース陣営から批判されていた(ただし、サンダースは善戦したとはいえ、一般代議員の獲得率でも約45%

と過半数に届いていなかった)。

民主党執行部の内部文書が暴露される「事件」も起きた。党全国委員会幹部がクリントンに肩入れしたことを示すメールの文面が告発サイトのウィキリークスにより公開され、委員長デビー・シュルツが辞任する騒ぎに発展したのだ。党全国委員会は「メールに弁解の余地のない記述があったことを心から陳謝したい。指名過程で中立を保つ姿勢が反映されていなかった」との声明を出し、サンダースや支持者らに謝罪した。

こうしたドタバタを米メディアは「バーニー・サンダースが自身の政治革命を制御できなくなった」(米誌タイム、2016年7月26日)などと伝えた。同誌によると、サンダース陣営は、「運動としての信用は、ブーイングしたり、(決定に)背を向けたり、退出したりすることで傷がつく」と支持者らの携帯電話にメッセージを配信。サンダース本人も「ヒラリー・クリントンを当選させ、トランプを打ち負かすために、私たちは党を結束させたい」とメッセージを送っていたという。

サンダース陣営の幹部は米メディアに「今は感情が高ぶっているのだろうが、時と共に落ち着くだろう」と述べていた。

サンダース支持者の一人、元ジャーナリストでネヴァダ州選出の代議員、キャロル・シザウスカス(当時54)は「サンダースは社会正義の人。自らの信念に妥協しない、まっすぐで誠実な人。彼のおかげで、私は表立って、「社会主義的な主張に共感している」と自分の思いを声高に主張できるようになった」と、サンダース支持の理由を説明した。

クリントンについては、「ウォール街と大企業の献金漬けになり、富裕層と大企業に迎合し、問題の一部になってきた彼女には絶対に投票しない」と断言した。

帽子もTシャツも「サンダース」グッズに身を包んだキャロル・シザウスカス．民主党大会に参加した代議員だ

とはいえ、サンダース本人がクリントンへの支持を表明した点についての考えを聞くと、シザウスカスは「彼は彼自身の決断を、私は自分の決断を下す。彼がヒラリーを支持したからといって、私がそうしなければならないことを意味しない」「「二つの悪の小さい方」とよく言うが、小さい方も悪であることに変わりない」と話した（継続取材で判明したこと＝全国党大会から4カ月後の本選挙で、シザウスカスは民主党クリントンではなく、第3政党「緑の党」の候補者を支持した。２０２０年7月の電話取材には「周囲の人々は私に「トランプを阻止することが何よりも大切なので、どんなに嫌いでも民主党バイデンに投票するべきだ」と言うが、私は自分の良心にウソをつきたくない。今回も民主党候補には入れない」と語った）。

全米規模のスポットライトを浴びる基調講演

全米から各地域を代表して、政治家や代議員が集う全国大会。主人公以上に話題をさらう人物が登場することも興味深い。

有名なのは、2004年の民主党大会の基調講演で演説したオバマだろう。この年の民主党候補ケリーの応援演説だったが、多くの人の記憶に残っているのは、次の一節だろう。

「こうして話している時も、我々を分断しようとしている人々がいます。事実をねじ曲げる天才、ネガティブ広告が大好きな人々です。何でもありの政治を受け入れます。今晩、彼らに伝えましょう。リベラルのアメリカも、保守のアメリカもなく、あるのはアメリカ合衆国だけです。黒人のアメリカも、白人のアメリカも、ラテン系のアメリカも、アジア系のアメリカもなく、あるのはアメリカ合衆国だけです」

「政治の専門家は、我々の国を「赤い州」と「青い州」に切り分けることが好きです。赤い州は共和党、青い州は民主党というわけです。でも私には、そんな彼らにお伝えしたいニュースがあります。青い州でもすばらしい神に祈りを捧げますよ。赤い州でも連邦政府の職員に図書館をウロウロされたくありません。青い州でも(地域コミュニティを大切にして)リトルリーグを育てているし、赤い州にも同性愛の友人がいます。イラク戦争に反対した愛国者もいれば、支持した愛国者もいます。私たちは一つの国民です。誰もが星条旗に忠誠を誓い、アメリカ合衆国を守っているのです」

「最後に、今回の選挙はこういうことなのです。冷笑主義の政治でいいんですか、それとも希望の政治にしますか？　ジョン・ケリーは私たちに希望を抱くことを求めています。ジョン・エドワーズも希望を抱くことを求めているのです」

意見が異なる相手に「非愛国者」「裏切り者」などの激しい言葉を投げつけることが当たり前のようになっているアメリカにおいて、統合を呼びかけたオバマの言葉は高く評価された。直後に挑んだ連邦上院選で、オバマは、大混戦の予備選を制し、本選でも7割の得票で圧勝した。当時、若手のオバマに全米規模のスポットライトを浴びる基調講演の機会を与えたのは民主党候補ケリーで、会場の上階でオバマ演説を聴いていたのが、ベテラン上院議員のクリントンだった。

この演説の3年後にオバマ自らが大統領選に名乗りを上げ、一気に大統領の座に駆け上がることになると、どれほどの人が予想しただろうか。オバマは08年の民主党予備選でクリントンを退け、1期目の国務長官にその彼女を指名した。2期目の国務長官にはケリーを指名した。米国政治のダイナミズムが伝わってくる。

白人高校に初めて通った黒人女性も参加

全米から党を代表する政治家や活動家が一斉に集う全国党大会。会場には、米社会史に確かな足跡を残したような人物が、普通に参加している。記者としては、油断できない。

派手な帽子をかぶった黒人女性に写真を撮らせてもらおうと声を掛けた。民主党の全国大会でのことだ。フロリダ州から来ていたラボン・ブレイシー(当時65)は言った。

「ヒラリーは法科大学院を出て、恵まれない子を支援する薄給の仕事に就いた。志がそこにある。大統領になる資格を備えている」とクリントン支持の理由を語った上で、「今回は激しい選挙戦になるが、必死に選挙戦をやれば勝てる。私は歩兵として戸別訪問し、投票を呼びかけ、有権者を投票所に連れて行く。やれることは何でもやる」と語った。

派手な帽子で目立っていたラボン・ブレイシー．地元フロリダ州の白人高校を最初に卒業した黒人だった

5分ほどのインタビューだったが、決意の固さを感じた。後で調べてみると、ブレイシーは1965年当時に白人だけが通っていた地元高校を最初に卒業した黒人女性だった。

アメリカでは1896年、鉄道の人種分離制度を認めた南部ルイジアナ州法の合憲性をめぐる裁判があり、連邦最高裁は、人種を分けていても設備が平等であれば違憲ではない(分離すれども平等)という趣旨の判決(プレッシー対ファーガソン事件判決)を下した。この考え方が原則となって公立学校にも広がり、特に南部州では人種別の学校制度が一般的になった。その後、1954年の最高裁判決(通称ブラウン判決)で、「分離された教育施設は本来的に不平等である」として、人種別学制度を認めた州法に違憲判決を出していたが、それから10年が過ぎてもブレイシーの地元では別学が続いていた。公立学校の人種統合は各地で白人の抵抗にあったのだ。

2 頂上決戦

本選挙の号砲

各党の全国大会が夏に終わり、9月に入ると本選挙が本格化する。9月の最初の月曜日と定められている「レイバー・デー」が本選挙の号砲で、11月上旬の投開票日までの2カ月間の勝負となる。

各党の指名を受けた大統領候補は、全米各地の重要州をプライベートジェット機で移動しな

表 3-1　2016 年の大統領候補の選挙運動

	トランプ	クリントン
日　数	512 日(2016 年 6 月立候補)	576 日(2016 年 4 月立候補)
2016 年の選挙集会や演説の回数	302 回	278 回以上
集会場所	45 州，ワシントン DC	37 州，ワシントン DC
資金パーティ	50〜60 回	350 回以上
調達資金	2 億 5800 万ドル	5 億 200 万ドル
2016 年の記者会見など	22 回	25 回
最大規模の集会	2 万 8 千人(アラバマ州)	1 万 4 千人〜1 万 8 千人
テレビ広告支出総額	9300 万ドル	2 億 5300 万ドル
最も多くの広告費を使った州	フロリダ州	フロリダ州
最も多く訪れた州	フロリダ州	フロリダ州，オハイオ州，ペンシルヴェニア州で同じ回数
投開票日の直前 1 カ月で最も多く訪れた州	フロリダ州	フロリダ州

(出典：ABC ニュース)

がら支持者集会を開き、選挙資金パーティを回り、全米に中継される討論会に出席する。

２０１６年の二大政党の候補者、共和党トランプと民主党クリントンの動きをデータで見てみよう。彼らは実際にどのように動いたのだろうか。ＡＢＣニュースの集計を紹介してみたい。

表３‐１を見ると、両候補が激戦州のフロリダに最も力を入れてきたことがわかる。また、民主

表 3-2　最後の 1 カ月に両候補が過ごした州別の日数

州	トランプ 日数	クリントン 日数
フロリダ	10	8
オハイオ	5	5
ペンシルヴェニア	7	5
ノースカロライナ	6	4
ネヴァダ	3	3
ミシガン	3	3
ニューハンプシャー	5	2
アイオワ	2	1
コロラド	4	1
アリゾナ	1	1
ヴァージニア	2	0
ミネソタ	1	0

＊実際に勝利した州は網掛け
（出典：ABC ニュース）

党の主流派だったクリントンは、共和党の「アウトサイダー」トランプに比べると、資金パーティに時間を割き、より多くの資金を集め、それらをテレビ広告に使っていたことがわかる。クリントンに比べると、トランプはより多くの州で集会を開き、集会の規模も大きかったことがわかる。

最終盤の追い込み

各陣営は、最終盤の情勢調査を独自に実施し、その結果に基づいてテコ入れに回る。確実に勝てそうな州は回らない。とても勝てそうにない州も回らない。大接戦で最後の一押しで集会を開けば、勝利が望めそうな州に、その中でも代議員数が多い州に訪問回数は集中する。当然、勝てそうだけど、相手候補に攻め込まれていて、不安が出ている州にも足を伸ばす。

ABCニュースによると、2016年大統領選で、共和党トランプ、民主党クリントンの両陣営は、最後の1カ月間を表3-2の一覧のように動いた。当時「スイング(揺れる)州」として行方が注目されていたフロリダやオハイオ、ペンシルヴェニア、ノースカロライナ、ネヴァダ、ミシガン各州に最後の力を注ぎ、繰り返し訪問していたことがわかる。

英紙ガーディアンは最後の9日間に的を絞り、両陣営がどの州で何回のイベントを開催した

表3-3　2016年10月30日〜11月7日の訪問地

	トランプ	クリントン
州	回　数	回　数
アリゾナ	0	1
コロラド	2	0
フロリダ	6	5
アイオワ	1	0
ミシガン	4	2
ミネソタ	1	0
ネヴァダ	2	1
ニューハンプシャー	2	0
ニューメキシコ	1	0
ノースカロライナ	5	3
オハイオ	1	3
ペンシルヴェニア	5	3
ヴァージニア	1	0
ウィスコンシン	1	0
合　計	32	18

＊実際に勝利した州は網掛け
（出典：ガーディアン）

かを集計した(表3-3)。トランプは13州で計32回、クリントンは7州で計18回の集会を開いていた。トランプの終盤の追い込みは、最後の2日間に重要州で計10カ所の集会を開くなどして注目された。

NBCニュースによれば、選挙戦でカギを握った激戦州の6州には、トランプは最後の100日間で133回訪問し、クリントン(87回)を50%上回っていた。同ニュースは、より多くの時間を過ごしたことが、トランプを「勝利に押し上げた」と評した。

致命傷にもなるテレビ討論会

本選挙で最も注目されるのは、国内外に同時中継される、大統領候補の討論会だ。歴史的に重要とされるテレビ討論会はたくさんある。米誌タイムの記事(2019年6月26日)などを参考にして主なものを紹介したい。

初めてテレビ放映されたのはケネディ対ニクソンの討論会で1960年だった。何をどう主張するかだけでなく、相手の主張にどう応じたのか、どんな表情だったのか、視線はどこを向いていたのか、相手の主張をどのぐらい遮ったのかなど、あらゆる角度から厳しくチェックされる。

民主党候補ケネディ(マサチューセッツ州選出の上院議員)は当時43歳の若さで注目を集めて

いた。対する共和党候補ニクソンは、アイゼンハワー政権の現職副大統領で、当時47歳だった。この討論会をラジオで聴いていた有権者は「ニクソン優勢」と捉えたが、テレビで視聴した有権者には、ケネディがさわやかさで好印象を残したと言われている。ラジオとテレビの視聴者の反応の正確な比較はないものの、ニクソンは退院した直後だったことに加えて、テレビ用のメイクアップを断ったことが影響したとの指摘がある。

ただし、ラジオとテレビの利用者には、そもそもの違いがあったとの指摘もある。ラジオ利用者の多くは農民で、トラクターで作業中に聴いていたとも言われる。いずれにせよ、この討論会は、「討論会は議論の中身だけでなく、相手の話を聞く際の態度なども含めて、どのように舞台で振る舞うかも大切」という認識を広める結果になったという。ニクソンは結果的にケネディに敗れるが、1968年に再挑戦し、大統領に当選した。

ジミー・カーター対ロナルド・レーガンの1980年のテレビ討論会は1回だった。しかも、投票日直前に行われた。今でこそ、共和党の人気大統領の一人として、頻繁に名前の挙がる共和党レーガンだが、当時は元カリフォルニア州知事でしかなく、国家を代表する大統領職にふさわしいことをアピールする必要があった。

再選を目指した民主党候補カーターが事実と政策をちりばめて語ったのに対し、レーガンはで聴衆を魅了したと言われている。

「皆さんの暮らしは（カーター政権で）4年前よりよくなりましたか？」などシンプルなフレーズを使い、また相手の振る舞いに対して「ほらまたやった」などと、ユーモアを交えたキャッチフレーズで応戦した。カーターがユーモアに欠ける印象を残したのに対し、レーガンは話法で聴衆を魅了したと言われている。

第3政党の候補者ロス・ペローが含まれた、1992年のブッシュ（父）対ビル・クリントン対ペローの討論会は世間の関心を集めた。一般有権者が質問者などとして参加する「タウンホール形式」が採用されたのも初めてだった。この形式は、有権者と近い距離にいてもリラックスし、相手と視線をしっかり合わすことで評判だった民主党クリントン（アーカンソー州知事）に有利に働いたとされる。一方、再選を目指した共和党ブッシュはこうした形式の討論会に不慣れだったようだ。国家の負債や不景気が彼や周囲の人たちの暮らしにどのような影響を与えたかという質問に、不機嫌そうに反応したように映ってしまった。更に、その質問がされている途中に、彼が腕時計に目をやったことがカメラに映し出され、マイナスなイメージになったという。普通のアメリカ人の関心事にあまり興味がない、という印象を広めてしまった。クリントンが「感じのよい人物」という好印象を残したのとは対照的だったとされている。

2000年の選挙のように接戦の場合、討論会は特に重要になる。この年の3回の討論会では、共和党候補ブッシュ(子、テキサス州知事)が、民主党候補アル・ゴア(現職の副大統領)より「親しみを持てる候補者」としての売り込みに成功したと言われている。

ブッシュが質問に答えている最中に、ゴアが漏らしたため息をマイクが拾った。これが、「うぬぼれで失礼だ」「偉そう」という印象を与えたという。さらに彼のどこか攻撃的なスタイルも批判された。ブッシュは親しみやすさを前面に出し、ゴアの堅苦しさ、理屈っぽさをかえって際立たせたという。

討論会の前から、ゴアは実力派の討論者という評判があった。対するブッシュには知的レベルで「軽量級」というイメージがあったという。期待値が低かった分、思っていた以上に互角に話し合えているという「予測の裏切り」にブッシュは成功したそうだ。

当時の米誌タイムは「先週、ブッシュとゴアが登壇したとき、ゴアは、あたかも壇上の備品の位置まで直し出すのではないかという雰囲気で、大学講義のような語り口だった。対戦相手の発言を修正し、長々と発言し、ブッシュの発言にはため息で怒りを表現した」と伝えた。この討論会は、内容で打ち負かすよりも、人柄の良さを印象づけることの方が大切という教訓になったとも言われている。

トランプ対クリントンのテレビ討論会

政治経験が豊富で女性初の大統領を目指した前国務長官クリントンと、現状への不満を追い風にする著名ビジネスマン、トランプという対照的な二人の初対決(9月26日)は、国内外の注目を集めた。視聴者数は約8400万人に達し、過去最多を記録。それまでの記録は1980年の8060万人だったという。

トランプは「ミシガンやオハイオを見なければいけない」と州名をわざわざ挙げて、アメリカから賃金のよい製造業などの雇用が減ったことを問題視。この2州は、選挙戦のカギを握る「ラストベルト(さびついた工業地帯)」の重要州で、かつては民主党支持層だった白人労働者に支持を呼びかける狙いがあった。その上で「30年も政治家をやってきて、なぜ今になって解決策を考えるのか?」とクリントンを批判した。クリントンが強調する「経験」を、逆に「長年の無策」の象徴にする作戦だった。

一方、クリントンは「トランプは日本や韓国、サウジアラビアが核保有しても構わないと発言してきた。(政権が)民主党でも共和党でも核不拡散に手を尽くすことがアメリカの政策だった」と訴え、国際情勢における認識の甘さを批判。「1本のツイートで(簡単に)挑発されるような人物は、核兵器ボタンの近くに指を置くべきではない」とも述べ、アメリカ軍の最高司令官にふさわしくないと訴えた。その上で自らの外交知識や人脈を対比させ、「私は大統領になる準備をしてきた」と強調した。

２０１６年は計3回の討論会、副大統領候補の討論会も1回あった。

「非国民」「テロリスト」、レトリック激化

本選ではもちろん選挙戦がさらに激化する。そしてその激化に一役買っているのがメディアであることはテレビ討論会を見てもわかるが、それだけではない。

党派間の「敵意」は年々増している。１９９４年当時、共和党支持層の中で、民主党への印象が「とても良くない(very unfavorable)」と回答した人は17％にとどまっていたが、２０１4年には43％に高まった。同様に民主党支持層の中でも、共和党は「とても良くない」と答えた割合は、同期間に16％から38％に増えた。政党間で、相手への印象が悪化していることは間違いなさそうだ。

さらにピュー・リサーチ・センターは、両党の支持層が、相手の党は「国家への脅威になっている(Threat to the Nation's Well-Being)」とする「脅威」認識も調べている。２０１4年時点で、共和党支持層の36％が「民主党はアメリカへの脅威」と考えていた。同様に民主党支持層の27％が「共和党はアメリカへの脅威」と捉えていたという。

党派間の「敵意」が増し、相手を「脅威」とまで見なすようになる中、レトリックも激化の

一途をたどってきた。民主主義を研究するハーバード大学教授スティーブン・レビツキー(179頁にインタヴュー)の同僚との共著『民主主義の死に方――二極化する政治が招く独裁への道』(新潮社、2018年)によると、1850年代には黒人奴隷制をめぐる対立が激化し、「反逆者」や「裏切り者」という非難が飛び交った。1861年には南北戦争が始まり、60万人以上の死者を出した。反共主義が吹き荒れていた1950年には上院議員ジョセフ・マッカーシー(ウィスコンシン州選出、共和党)が「国務省に共産主義者がたくさんいる」との趣旨の演説をした。リベラルな知識人や政府高官が「共産主義の同調者」として糾弾され、選挙中にはライバル政治家を「アカ」呼ばわりするレトリックが横行した。

レビツキーは、1990年代に下院議長を務めた共和党の大物政治家ニュート・ギングリッチに着目している。この頃、ギングリッチ率いるチームは共和党候補者にマニュアルを配り、ライバルの民主党候補者に対して、哀れ、気持ち悪い、奇妙、裏切り者、非国民、反家庭的、反逆者といった言葉を使うように伝えていたといい、「アメリカ政治における劇的な転換のはじまりだった」と指摘している。

中でも2008年大統領選では、民主党候補オバマを「マルクス主義者」や「反米主義者」「隠れイスラム教徒」「テロリスト」と関連づけようとする非難が右派メディアを中心に吹き荒れた。深刻だったのは、こうした「右派メディアの不寛容のレトリックに共和党の有力政治家たちが共鳴したこと」だったという。レビツキーは、代表例の一つとして、同年大統領選の共和党候補マケインが副大統領候補に選んだサラ・ペイリンの言動を紹介している。

選挙遊説のなかで、彼女は支持者にこう訴えかけた。「オバマが最初に政治活動を始めたのは国内のテロリストが住む家の居間だった！……あの男のアメリカ観は、あなたや私たちのものとはちがう……彼はアメリカを不完全な国だとみなし、かつてこの国を標的にした国内のテロリストと一緒に仕事をするのが当然だと考えている」。ペイリンの人種差別的な演説に扇動された観衆は、口々に「裏切り者！」「テロリスト！」と叫んだ。なかには「やつを殺せ！」と

集会の会場外に掲げられた「ヒラリーを刑務所へ」という看板（2016 年 11 月 3 日）

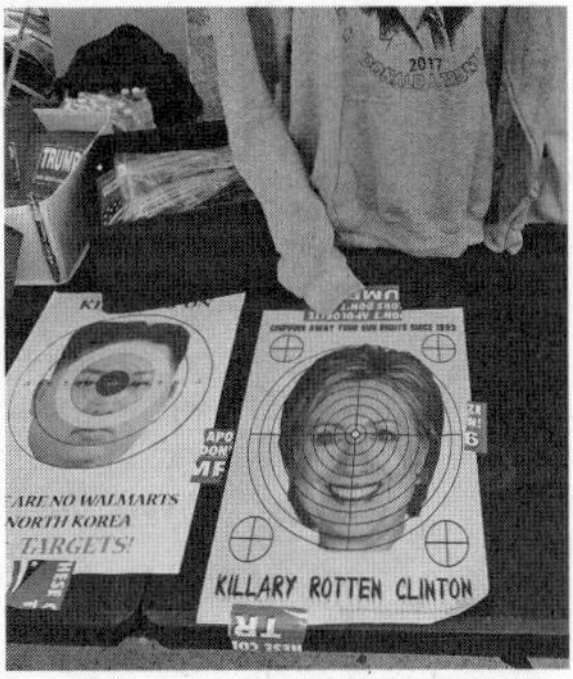

クリントンの顔写真に銃の照準を合わせた図柄のTシャツは売り切れ（2017 年 7 月 25 日）

雄叫びを上げる有権者もいた。(『民主主義の死に方』194頁)

2016年大統領選では、民主党クリントンを徹底的にたたく行為が横行した。「刑務所に送り込め」というスローガンがトランプ集会の合言葉のようになった。クリントンの顔写真に銃の照準を合わせた、暗殺をほのめかすかのような図柄のTシャツまで出回り、相手を単なるライバルではなく、反米的な存在として「敵視」する風潮がエスカレートしていった。

オバマもネガティブ広告

党派間の「敵意」が増す中で、ネガティブ広告の使用は当然のことのようになっている。限られた30秒、60秒の中で、自分を売り込むことではなく、相手を批判すること、相手の評判を落とすことが主目的になっている。

オバマは著書『合衆国再生——大いなる希望を抱いて』(原書は2006年出版、邦訳ダイヤモンド社、2007年)で、ネガティブ広告のひどさを嘆いている。2005年1月に連邦議会の上院議員になると、同僚議員らの間で話題になっていたのは、上院議員トム・ダシュル(民主党、サウスダコタ州選出)が標的になったネガティブ広告のすさまじさだったという。

ダシュルは「院内総務」という議会の指導的な地位にいたが、4期連続の当選を目指した2

004年11月の選挙で負けた。現役の院内総務が再選に失敗するのは極めて珍しいことだった。ダシュルは数百万ドル相当のCMに狙われ、CMはダシュルについて「赤ん坊殺し(妊娠中絶)とウェディングドレスを着た男たち(同性愛者)を支持している」などと伝えたという。

ところが、その後オバマもネガティブCMを使った。2012年の再選をかけた大統領選での共和党ロムニー(元マサチューセッツ州知事)を批判したテレビCMを見てみよう。

画面ではロムニーがフロリダ州の集会で支持者の前に立ち、マイクを握って愛国歌「AMERICA THE BEAUTIFUL」を熱唱する場面が映し出されている。画面は切り替わるが、ロムニーの熱唱が音声だけで続く。画面には、稼働していない工場の内部や廃れた工場群などが背景映像として流れ、「ミット・ロムニーの会社は雇用をメキシコと中国に移転」(ロサンゼルス・タイムズ)、「知事として、雇用をインドに移転」(ボストン・グローブ)との各紙の見出しが映し出される。

続けて米国旗がひるがえる映像を背景に、「彼はスイスの銀行口座に数百万(ドル)を貯蓄している」(ABCニュース)との記事の見出しが出て、最後は画面が真っ黒になって「ミット・ロムニーは(問題の)解決ではなく、問題そのものです」との主張で終わる。

支持者の前ではアメリカの「美しさ」を歌っているけど、やっていることは「汚い」。そんな趣旨だろう。相手候補の評判を落とすことが狙いの作りになっている。2006年に著書を出した当時、オバマは自分がこのようなCMを流すことになるとは思っていなかったのではないだろうか。

ネガティブ広告の応酬

ロムニー側も、オバマを批判するネガティブCMを流していた。ニューハンプシャー州の金属加工場の経営者が早朝に出勤する場面から始まる。その背景にオバマの演説が音声だけで流れる。

「あなたが成功していたとしても、その成功に自分だけで到達したのではない。独力で到達したのではない。自分が成功できたのは、自分が非常に賢いからだと考える人には、私はいつも驚かされる。賢い人はたくさんいますよ。自分が成功できたのは、自分が誰よりも働いたからだと信じる人もいます。少し言わせてください」

「ビジネスをしているのなら、あなたがそれを育てたのではない。誰か別の人が、それを可能にしてくれたのです」

オバマの言葉に対して、金属加工場経営の白人男性が反論する。

「この会社が、父や私、私の息子の手で作られていないだって？　誰か別の人が自宅を担保に入れて工作機械を購入してくれたのか？　誰か別の人が従業員の給料を準備してきたのか？

オバマ大統領、笑わせないでくれ。（私たちは自らの）勤労と少しの運で、この会社を育ててきた。なぜ私たちを悪魔のように言う？　私たちは問題ではなく、私たちが（問題を）解決する。私たちを信じてくれる誰か別の人物が（大統領に）就く時だ。成功することを罰するのではなく、たたえてくれる人が就く時だ」

ここでロムニーが登場して言う。

「スティーブ・ジョブズがアップルを創業していないとか、ヘンリー・フォードがフォード自動車を創業していないという考え方は、単に馬鹿げているだけなく、アメリカの起業家や発明家への侮辱です。間違っています」「オバマ大統領は成功（する人）を非難しています。その結果、私たちは成功できなくなっているのです。私が（大統領になって）それを変えます」

最後に画面が真っ白になり、「倒壊の4年間（オバマ1期目の）だった。今こそ再建の時だ」とのメッセージが表示される。

悪名高いネガティブCM

ネガティブ広告の歴史は長い。アメリカ大統領選には、有名なネガティブCMがある。代表的なものを紹介したい。

民主党の大統領リンドン・ジョンソン側が1964年の再選キャンペーンで流した「Daisy

Girl（ひなぎくの少女）」と呼ばれるCMだ。あどけない少女が野原で手にしたひなぎくの花びらを「1枚、2枚」と数える。その少女の声が「10枚」に達しようとする時に、「10、9、8、7…」と逆にカウントダウンを始める男の声が不気味に重なり始める。映像は「何だろう？」といった表情で正面を向く少女の顔にズームし、轟音と共に「キノコ雲」の映像が少女の瞳に映し出される、という構成だ。

続いてジョンソンの演説の音声が流れる。「この選挙にかかっています。すべての神の子たちが生きられる世界を作るか、それとも闇に沈んでゆくのか。お互いに愛情をもって接し合わなければ、私たちは死に絶えるでしょう」

そしてナレーションが視聴者に警告を発する。「11月3日はジョンソン大統領に投票して下さい。自宅にとどまるの（棄権）はリスクが高すぎます」

テレビCMは60秒間。1964年と言えば、核戦争の一歩手前まで行ったとされるキューバ危機のわずか2年後で、当時、核戦争の恐怖におびえるアメリカ市民の心理に働きかける内容だった。

選挙戦の相手、共和党バリー・ゴールドウォーター（アリゾナ州選出上院議員）の名前は一度も出てこないが、趣旨は明確だった。当時、ゴールドウォーターは核兵器の使用を容認するかのような発言をするなど、過激な言動と強硬姿勢で知られていた。彼が大統領になれば、「核戦争になりかねない」との強烈なネガティブ・メッセージだった。

このCMは、投開票日の2カ月前(1964年9月7日)の夜間に三大ネットワークの一つ、NBCで人気映画の再放送の合間に一度流されただけだが、雑誌ニューヨーカーによると、話題を呼んでニュース番組で繰り返し放映された結果、計4000万人ほどが視聴したと見られている。

ゴールドウォーター陣営は激怒したという。制作に関わった当時の関係者は「ゴールドウォーター側が難癖をつけ実態以上に目立たせたので、一度しか放映していないのに結果的に1000万回ほどニュース番組で流された」「三大ネットワークが数日間取り上げ、大きなインパクトを持った。無料で放映してくれるので、放映時間の購入費用をかける必要もなかった」と、米メディアに語っている。今も「恐怖心を刺激するテレビCM」と呼ばれ、「これまでで最も悪名高く、効果的だった政治CM」(米誌タイム)と評されている。

このCMがどこまで影響したかの評価は困難だが、結果としてジョンソンが全米50州のうち44州とワシントンDCで勝利し、代議員486人を獲得して圧勝した。ゴールドウォーターが勝てたのは、深南部州(サウスカロライナ州、ジョージア州、アラバマ州、ミシシッピ州、ルイジアナ州)と地元アリゾナ州の計6州で、獲得代議員は52人だった。

ジョンソンの1964年のネガティブCM「Daisy Girl」の制作に携わった人々の中には後

悔を語る人もいた。当時、民主党全国委員会のメディア担当者は、ほぼ半世紀後の米メディアの取材に「私は当時ゴールドウォーター氏について、ほとんど何も知らなかったが、後に敬意を抱くようになった」「(CMが与えた)あの影響力について後悔するようになった」と語った。当時3歳だった少女も、半世紀後に後悔を語った。今日の政治には相手を中傷する言動があふれているため、政治に関心を持てないといい、「あのCMが今の政治状況に大きく影響していると言われている。私が関与したCMがそんなことになり残念です」と語った(azcentral, "'Daisy Girl' political ad still haunting 50 years later" 2016年12月8日)。

ところがレトリックの激化が日常化する中で、この女性は2016年の大統領選で、再び表舞台に出ることになった。トランプとの一騎打ちに臨むクリントンのテレビCMに出たのだ。ゴールドウォーターと同じように強硬姿勢を売りにするトランプが共和党候補になったことを受け、その危険性を訴える内容だった。再びネガティブ広告への登場だった。

ポジティブCMは8%だけ

今ではネガティブ広告は当然の手段になっている。

CNN(2016年11月8日)などが、2016年大統領選の直前(11月1~5日)に全米で流された7万本ほどのテレビCMを分析したところ、候補者の良い面(ポジティブ)を伝えるCM

は８%との結果が出た。民主党クリントンの良い面を伝えるものが３%、同様に共和党トランプの良い面を伝えるものが５%だったという。全体の92%は、相手候補の批判など、ネガティブなメッセージを含んでいるか、もしくは、相手候補との違いにフォーカスした内容だったという。

これらのCMは、両陣営とスーパーPACを含む20以上の団体が流しており、投開票日の直前の最終週のために総額１億１０００万ドルが投入されていた。CMの長さは30〜１２０秒。最も多くのCMが流された激戦州フロリダでは、全体の３%がクリントンを支持する内容で、７%がトランプを支持する内容だった。

分析した約６万９５００本のCMのうち、約４万７５００本はトランプ批判で、約１万６４００本がクリントン批判だったという。トランプ批判が量で圧倒していたようだ。

また、クリントン陣営が放映した96%はトランプへのネガティブCMで、トランプ陣営が流した83%はクリントン批判だった。候補者の前向きな面にフォーカスされていれば「ポジティブ」と、全体もしくは大半が対立候補の批判になっていれば「ネガティブ」と判定したという。

アメリカ大統領選は、しばらくネガティブCMから逃れることはできなさそうだ。

怒りに震える選挙集会

党派間の「敵意」が増し、相手を「脅威」と見なすようになる中、ネガティブ広告のほかにも、有権者の心の奥底にある不安や恐怖を刺激するような手法が目立っている。有権者の「希望」に訴えかけるより、潜在的な不安や恐怖に訴えかけて「次の選挙で負ければ、もうオシマイ」と思わせる方が、有権者が投票所に足を運ぶ強い動機になる──。こんな発想が透けて見える。

2016年大統領選で、注目を集めた人物を紹介したい。現在トランプ大統領上級顧問のスティーブン・ミラーだ。トランプ政権の人種差別的な移民政策に関与してきた人物として米メディアでは紹介されることが多い。「白人ナショナリスト」と呼ばれることもある。ヘイトクライムを監視するNGO「南部貧困法律センター」は、人物紹介として、外国人への嫌悪感や恐怖心をかき立てる言動を意図的に使うことで、移民全般を悪者にして、アメリカへの移民流入を阻止しようと努めている、と解説している。

ミラーは2016年1月、つまり予備選が本格化する直前にトランプ陣営に採用されて以降、選挙戦で重要な役割を果たしていた。米メディアによると、ミラーは同年3月からトランプ集会の前座を務めるようになる。当時30歳だった。

ここからは、筆者が偶然、現地取材していた2016年3月の集会の様子を伝えたい。当時の取材メモを元に、ミラーが前座を担った集会を再現してみよう。

その集会は２０１６年３月13日、フロリダ州パームビーチ郡で開かれた。大統領選の注目州であるフロリダ州の予備選を２日後に控えた、極めて重要な時期だった。屋外の会場に集まったのは、ほとんど白人。各地を回っていたトランプが会場に到着するのは夜だったが、夕刻か

予備選の２日前に開かれたフロリダ州のトランプ集会．白人が圧倒的に多かった

会場の外で抗議する人々．ヒスパニックと黒人が目立った(いずれも，2016年3月13日，フロリダ州)

ら開場し、支持者らは前座の演説も熱心に聴いていた。主役トランプが登場するまで、この前座で演説を任されたのがミラーだった。

国旗への忠誠を誓った後、舞台には「奪われた命」と書かれた横断幕を掲げた人々が上がった。不法移民に殺害された犠牲者の遺族らのグループだ。横断幕には、殺害された犠牲者の顔写真や名前などに加えて、殺害された状況などが記されている。「釣りの最中に子どもや両親の前で不法移民に発砲されて死亡」「交差点で停車中、不法移民に突然頭部を撃ち抜かれる」「飲酒運転が疑われる不法移民にひき逃げされる」という具合だ。

不法移民に家族を殺害された遺族らがステージに並び，トランプ支持を呼びかけた．ステージ上で横断幕を掲げているのがミラー(右端)

マイクの前に進んだ中年の白人女性が話し始めた。不法移民に息子を殺害された母親で、議会で証言するなど、厳格な移民政策を求める活動を続けている。

「2010年11月16日。いつも通りの朝でした。私の18歳の息子が学校へ行く前に私のところへ来て、「ママ、愛してる」と言いました。「私もあなたを愛してるわ」と返しました。玄関から息子が愛車のピックアップトラックに乗り、道の角を曲がるまで見送りました。まさかこれが息子を見る最後になるとは、その時は思いもよりませんでした」

ざわついていた聴衆は、母親の話に聴き入っている。「午後1時を回った頃です、何かがおかしいと神様が私に教えてくれました。私は仕事を切り上げて、学校に向かうと、校長からは「(息子は、)いつもの時間に学校を出た」と言われました」

母親は、ピックアップトラックをゴミ捨て場の近くで発見したが、息子の姿が見当たらなかったこと、ゴミ捨て場にリュックサックや学校用品が捨てられていたこと、「息子もゴミ捨て場の中にいるのではないか」と心配で仕方なかったことを話した。そして、震える声で「その日の夕方、自宅にきた捜査員から、息子が縛られ、空き地に捨てられ、火を放たれていたことを知らされました」と述べると、静まり返った会場から嗚咽が漏れた。

母親は息子の遺体の損傷具合も語った上で、次のように訴えた。

「息子は不法移民に殺されました。彼は19歳でしたが、10歳の時、同じく不法移民の両親にベリーズ(中米の人口38万人の小国)から連れてこられたのです。彼のビザの有効期限は6カ月で、とっくに切れていました。息子を殺した理由はただ一つ、息子のトラックを換金したかったということだけです。犯人は終身刑になりました。30年たてば仮釈放の審理を受けられます。彼は強制送還されるべきでした。ただし、強制送還されても、(国境に)壁がなければ、すぐに戻ってきて再び犯罪をおかすでしょう。私たち家族にとっては、外国からの侵略者によるテロ行為そのものでした。アメリカ政府はアメリカ市民を守れなかった。軍隊、警察と国境警備隊への制約を緩め、彼らがきちんと仕事できるようにするリーダーが必要です。彼らは日常的に私たちの安全を守ってくれていますが、現在、彼らは両手を縛られた状態なのです」

「メディアはトランプさんの選挙活動に反対して大騒ぎします。母親として、彼らが、なぜ、不法移民に毎日子どもたちが殺されている事実に反対の声を上げないのか理解できないのです」

続けて女性は、地元選出の上院議員で、トランプの予備選でのライバル候補だったマルコ・ルビオを「悪名高きギャング・オブ・エイト（移民法改革を提案した超党派議員グループ）のメンバーになり、私たちを裏切り続けた」と批判した上で、「ぜひトランプさんに投票して下さい。私は彼に、「やる」と言ったことを実行するチャンスを与えたい」と呼びかけた。会場はしばらく拍手と歓声がやまなかった。

会場を怒らせる手腕

続いて舞台に立ったのが、トランプの「政策担当上級顧問」と紹介されたミラーだった。会場の憎悪を特定の方向に向かわせる手腕は、この頃から目立っていた。

「みなさん、投票まであと2日。マルコ・ルビオを震え上がらせるまで2日です」

最初の一言はこれで始まった。会場から、地鳴りのようなブーイングが(当然会場にはいない)ルビオに向けられた。ミラーが続けた。「あなたたちの投票、あなたの家族の投票、友人の投票には、何千人というアメリカ人の命を救う力がある。何百万ものアメリカの雇用を守り、この国の主導権を取り戻し、アメリカ国民が最優先されるように変える力があるのです」

ミラーはルビオが民主党の政治家と協力して「アメリカ人の悲鳴より優先させて」移民法案を提出したと説明し、会場に呼びかけた。「マルコ・ルビオは○○○(直前に証言した母親の名前)の声を聞いていますか?」

会場が答える。ノー!

「マルコ・ルビオは警察の声を聞いていますか?」「マルコ・ルビオは、皆さんの懸念を気に掛けているでしょうか?」。会場が答える。ノー!! ノー!!!

「彼は、あなた方、一人一人にウソをついてきたのです。彼の恩赦は、ギャングメンバーに与えられています。性的な犯罪者に与えられています。子どもを食い物にする犯罪者に与えられています。ルビオの法案は、バラク・オバマにも支持されたのです」

「皆さんは今回の投票で、国を既得権益層から奪い返すチャンスを持っているのです。それは、アメリカ人の雇用と賃金と安全を最優先するドナルド・トランプに投票するチャンスなのです!」

「子どもたちが路上で殺されている時，ワシントンは何をした？」とのミラーの問いかけに，大声で「ナッシング！」などと叫ぶ支持者ら（2016年3月13日，フロリダ州）

会場では、すでに「トランプ」連呼が始まっていた。

ミラーはトランプの売り込みを始めた。

「ドナルド・J・トランプは南の国境に壁を作り、国を守ります」

「ドナルド・J・トランプはテロリストの難民が合衆国に入ってこられないように国を守ります」

「ドナルド・J・トランプはアメリカの労働者の仕事が外国の安価な労働者に流れないようにして国を守ります。あなたのドナルド・J・トランプが中国、日本、ベトナムから製造業を取り戻すのです」

ミラーは、大衆の懸念を放置してきた政治家や既得権益層を指す言葉として「ワシントン」を使い、こう続けた。「私たちの子どもたちが路上で殺されている時、ワシントンは何をした？」

会場が声をあげる。「何もしていない（ナッシング）！」

「違法に国境を越えて人々が流れ込んできている時、ワシントンは何をした？」

「あなたが仕事を、希望を、そして未来を失った時、ワシントンは何をした？」

すっかり日が落ちた会場で、支持者たちは大声で答えていた。「何もしていない(ナッシング)!」「何もしていない(ナッシング)!」

そしてミラーは会場に語りかけた。「これは、長期間にわたってこの国を支配してきた特定利益団体や支配階級、ロビイストから、私たちの手に主権を取り戻すチャンスです」「ドナルド・J・トランプこそ、あなたのチャンスです。今こそ重要な時です。唯一のチャンスです。アメリカのために、あなたの子どもたちのために、全米の国民のために、3月15日の火曜日に正しいことをしましょう。アメリカ人はただ漫然と座って未来が消えていくのを見ているだけではないことを、世界中に知らしめましょう。これはあなたの選挙であり、あなたの声であり、国を取り戻し、アメリカを再び偉大にする唯一のチャンスなのです!」

ミラーが演説を終える頃には、不法移民に「甘い」既存の政治家らへの怒りが会場に渦巻いていた。

国民の半数が、移民で犯罪情勢が「悪化」と回答

「恐怖を利用した政治」が、移民をターゲットにするのは、なぜだろうか。それは、治安面で移民が社会の負担や脅威になっているとの意識が、すでに国民にあることを利用したものと言える。移民と犯罪増加を結びつけるイメージは根強い。ギャラップの調査によると、移民は

犯罪情勢を悪化させていると考える国民の割合は、2001年から19年まで42〜58%の幅で推移している。

「アメリカで違法な状態で暮らしている全移民を元の国に強制送還する」という考え方を支持する割合は、2019年に37%いた(不支持は61%)。大統領選の重要州テキサス州は移民問題の最前線に位置するが、同州の共和党員に同じ趣旨を聞くと、支持の割合が跳ね上がる。テキサス大学が実施した調査によると、共和党員の70%が、滞在資格を持たない移民は、アメリカでの犯罪歴の有無に関係なく、即座に強制送還されるべきだ、と答えたという。こうした層への強いアピールになるのだろう。トランプを含め、不法移民への強硬姿勢をウリにする政治家が目立っている。

2018年に注目されたのは、アイオワ州の村で起きた殺人事件だった。ジョギングに出た大学生の白人女性モリー・ティベッツ(当時20)が失踪後に遺体で見つかった事件で、農場労働者の男(当時24)が殺人容疑で逮捕された。この男は滞在許可のないメキシコ移民だった。

逮捕が公表された同年8月、トランプはすぐにツイッターでメッセージ動画を配信した。「すばらしい若い女性が永久に家族から引き離されました。メキシコから違法に来た人物が彼女を殺しました。私たちには壁が、移民法の改正が必要です。民主党は動かないので、共和党が改正する必要があります」「とてつもなく多くの犯罪が国境を越えようとしています。我々の移民法は世界で最悪です。哀れなまでに不十分です」「民主党は壁を作りません。我々は建設に着手しましたが、今年度分の予算が必要です。モリー・ティベッツさんのご遺族へ、私が言えることは「神のご加護を」です」

わざわざ動画に収録されたメッセージは民主党批判になっていた。この姿勢がより顕著だったのが、現地の地元紙に掲載された、トランプの息子ドナルド・トランプ・ジュニアの寄稿だった。タイトルから「モリー・ティベッツの死への民主党の反応は冷酷で卑劣だ」と、民主党批判が前面に出ていて、本文には「残念ながらモリーは、左派が愛する国境開放の最初の犠牲者ではない」「主要メディアが不法外国人の犯罪を客観的に報じていれば、国境の壁は何年も前に建っており、父の壁建設の政策も実行されていただろう」と記されていた。

トランプ一家だけでなく、アイオワ州の事件に触れて移民強硬策を語る候補者はほかにもいた。ヒスパニック批判が広まることに胸を痛めたのだろう。犠牲者の父、ロブ・ティベッツは同年9月、地元紙に「人種差別的な意見を広めるために娘の死を歪曲するな」と題して寄稿し、「政治家や評論家がモリーの死を利用してさまざまな政治的目的を推し進めようとした」「彼女(モリー)が断固として反対するような政治的な目的を達成するため、モリーの悲劇的な死を無神経に歪めて利用し、汚した」「モリーが人種差別的と考えていた見解を広めることに、彼女の魂を利用するな」と訴えた。そのうえで「白人至上主義者が全ての白人の代表(reflection)ではないのと同様に、モリーの命を奪ったとされる人物もヒスパニックのコミュニティの代表ではない。代表であるというのはウソだ」と記し、今回の事件を理由にヒスパニック全般を批判しないように訴えた。

アメリカでは、19世紀半ばに「じゃがいも飢饉」を逃れて来たアイルランド移民には「犬もアイルランド人もお断り(No Dogs No Irish)」との看板が出され、アイルランド系の多い都市部では移民排斥を唱える「ノーナッシング(Know Nothing)運動」が展開された。１８８２年には「中国人排斥法」で中国系移民の入国が禁止され、また南欧や東欧からの移民には入国を困難にする識字テストが課された。20世紀初頭の日系移民も激しい差別に合い、「帰化不能外国人」として土地所有が禁じられたほか、太平洋戦争が始まると強制収容の対象になった。

移民に対して、他国に比べれば寛大で、実際に大量の移民を受け入れてきたアメリカだが、新しい移民は排斥の対象に繰り返しなってきたことも事実だ。移民を受け入れることで、利益を得る人もいれば、脅威に感じて反発する人も出てくる。今後も、人々の不満が移民に向けられることが繰り返されるのだろう。

直前の主要テレビ局の情勢報道

アメリカ大統領選をめぐっては、全米のメディアが報道を競う。日々のニュースは速報性が試されるが、正確性が求められるのが情勢報道だ。さまざまな情報を吟味し、これまでの経験に照らして、今後の展開を読み解く。アメリカ大統領の影響は世界に及ぶため、米メディアの情勢報道を海外メディアも引用しながら世界にさまざまな言語で報じている。

２０１６年大統領選では、この情勢報道が正確ではなかったことが指摘された。ほぼ一貫してクリントンが優位に選挙戦を進めていると伝えられていたが、結果として、共和党トランプが勝利したからだ（ただし、得票総数ではクリントンが勝った）。

投票前日の最新情勢として，クリントン優勢を伝えたABCニュース（2016年11月7日）

具体例を見てみよう。投開票日の前日、さまざまな情勢調査を反映させた上で、ＡＢＣテレビは次のように情勢を伝えていた（視聴者の党派色に最も偏りの少ない報道機関としてＡＢＣを取り上げる）。

・どちらの候補が勝つか見通せない五分五分の接戦州は、フロリダ、ジョージア、アリゾナ、ノースカロライナ、ニューハンプシャーの各州
・トランプが、共和党優勢の州に加えて、全ての接戦州で

勝てても獲得できる代議員は計263人で、勝利に必要な270人には届かない。接戦州の一つ、ニューハンプシャー州は最新の世論調査で、クリントンが11ポイント差で優位

• つまりトランプが勝つには、接戦州に加えて、民主党優位の「青い州」でも勝つ必要がある。中西部に広がるラストベルトの州で一つでも勝てればチャンスは見える。例えば、トランプが全ての接戦州に加えてミシガン州でも勝てれば、獲得代議員は279人に届く

• しかしながら、夏の全国党大会以降の世論調査で、トランプが「青い州」で優位になったためしがない。つまり、現時点ではクリントンが明白に優位

• クリントンにとっては、優位の州をすべて維持した上で、フロリダ、フロリダ、フロリダ。クリントンがフロリダ州で勝てば304に達します。仮にトランプに残りの全ての接戦州を奪われても、クリントンが大統領になる。クリントンがフロリダで勝てば、トランプの望みは本当に消える

激震、そして敗北宣言

ところが、トランプは、可能性の薄い勝利を引き寄せた。接戦州のうち、フロリダ州など、ニューハンプシャー州以外の全州で勝利した上で、ラストベルトのウィスコンシン、ミシガン、ペンシルヴェニアなど民主党優勢とされていた各州で連勝したのだ。世界に激震が走った瞬間

だった。

最も衝撃を受けたのは、ヒラリー・クリントン本人だろう。最後の2日間をクリントンは次のように過ごした。本人の著書『WHAT HAPPENED　何が起きたのか？』（光文社、2018年）から紹介したい。

- 投開票日の前日、大統領オバマと人気歌手ブルース・スプリングスティーンとペンシルヴェニア州フィラデルフィアで選挙集会。続けて人気歌手ボン・ジョヴィとレディー・ガガとノースカロライナ州ローリーで選挙集会
- ニューヨーク郊外ウェストチェスターの宿に戻る。午前4時近いが大勢の支持者が舗道で出迎える
- 当日、夫ビル・クリントンと近くの小学校で投票
- 世論調査員から「心強い報告書」を受け取る（前日）。トランプとの1対1の対決で5ポイント差のリード、第3政党候補も入れると4ポイント差のリードだった
- 午後の遅い時間にペニンシュラホテルに到着した際、情勢は「良さそうだった」
- 何週間も、次期大統領としての引き継ぎや、最初に着手したい政策に関するメモが詰まったバインダーを持ち歩いていた。就寝前にメモを読んだ。実行したい政策を思いついて、

スタッフに電話することもあった

・勝利に向けた準備としては、マンハッタンの大型コンベンションセンターに舞台を設営。本物のガラスの天井の下を歩いていき、アメリカの形のステージに立つ。演壇はテキサス州の上に位置している。シンボルとしてのガラスの天井が永久に割れてなくなるといいと思った

・勝利演説の草稿準備も着々と進めていた。スタッフが敗北宣言も用意していることは知っていたが、「あまり考えないようにしていた」

・ペニンシュラホテルの最上階スイートルームで、草稿の最終チェック。難題の一つは、トランプ支持者に「歩み寄って和解の雰囲気をかもしだしながら、わたしの支持者には勝利を味わってもらう、そのバランスだった」

・そして東海岸の州から投票所が閉まり、結果が出始めた。ノースカロライナ州に続き、人口統計が変化し「有利」とみていたフロリダ州、2004年大統領選のカギを握ったオハイオ州で悪い状況だった

・最後に「全員がミシガン州、ペンシルヴェニア州、ウィスコンシン州という、わたしたちが頼りにしていた、1992年以来どの大統領選挙でも民主党が勝ってきた州に注目」した

・午前1時35分、AP通信がペンシルヴェニア州でトランプ勝利と報道。「勝負がついたも同然だった。ウィスコンシン州とミシガン州でどんなに頑張っても、勝利は難しい」
・その後、トランプに勝利を祝福する電話を入れた。「まるで友人にバーベキューに参加できないと電話しているように、おかしなくらい普通の、そつのない会話だった」
・午前2時29分、AP通信がトランプ当選を速報

夜が明けて、ヒラリー・クリントンは11月9日、敗北を認める演説をした。クリントンのジャケットの襟部分は、紫色。民主党カラーの青と、共和党カラーの赤の中間色。斜め後ろに立つ夫ビル・クリントンのネクタイも紫色。融和を呼びかけるメッセージだった。

「昨夜、私はドナルド・トランプを祝福し、国家のために協力することを申し出ました。私は、彼がすべてのアメリカ人のために成功した大統領になることを望みます」と述べ、クリントンは敗北を認めた。その上で、合衆国憲法が定める民主主義は、権力の平和的な移行を重視していること、法の支配や誰もが権利と尊厳において平等であること、信仰と表現の自由も重視されていることを列挙し、「私たちはこれらの価値を尊重して大切にし、守らなければならない」と訴えた。

ロングインタヴュー(スティーブン・レビツキー)

アメリカの民主主義と大統領選

今のアメリカ大統領選では、ライバルへの寛容を失う言動が常態化している。トランプ政権1期目をどう見ているかも併せて、ハーバード大学教授のスティーブン・レビツキーに聞いた(2020年4月28日、オンライン実施)。

――なぜ、民主主義にとっての危機を研究してきたのですか?

アメリカ人は最近まで、自国の民主主義の安定性を当然視してきました。自分たちの民主主義が存続できるか否かなどと、誰も真剣に考えませんでした。私は同僚と著書で「深刻な懸念材料がある」と提起しました。要素は3点です。1点目は、民主的な規範の弱体化ですが、誰もが容易に気付くものではない。2点目は独裁的になる恐れのあるトランプ大統領の選出です。ただ、トランプ氏はひどいことを繰り返してきましたが、民主主義が破壊されることはありませんでした。

3点目は、起こりうる最悪の事態として、危機が挙げられます。歴史上しばしば、危機に直面する中で民主主義は崩れました。大恐慌下でドイツなど多くの民主主義が崩れ落ちた。アメリカは多くの戦争を経験するなど、安全保障上の危機に直面してきた。第二次世界大戦後の大統領の半分くらいは、何らかの地上戦やテロ攻撃を体験しています。つまり、アメリカ大統領が深刻な危機に直面する可能性は十分にある。トランプ時代にも5割の可能性があるとなると、かなり恐ろしいことです。

——危機下で何が起こりえますか？　戦争やテロとは異なりますが、コロナ禍という公衆衛生の危機にあります。

ハンガリーやドイツ、フランス、カナダ、ペルーなど、多くの国々で政権の支持率が上がっています。基本的な自由の制限を受け入れるという意識も強まる。例えばペルーでは、完全封鎖と外出禁止令への支持が95％に達しています。異例です。一方で、トランプ氏は小さな支持しか獲得できていない。4～5ポイントほどの上昇しか得られず、それもすぐに消え去りました。主な理由は、政権が危機に対処できていないからです。最低限の信頼を得ている政権であれば、危機下において支持率の急上昇を見るものですが、トランプ氏はそもそも広く世間からの信頼を得ていない。だから、トランプ氏が、民主主義の枠組みで大統領に課された制約を回避できる（強硬策にうって出る）ほどの状況にはなっていないのです。これが結果的にアメリカの民主主義を守ることに貢献してきたのでしょう。

——トランプ政権1期目の評価を？

最悪の事態にはなっていません。私は、アメリカの民主主義が即座に崩壊するとは当初から思っていなかった。アメリカの民主主義を破壊することは、かなり難しいからです。政治の分極化、トランプ氏が人気者ではないこと、強い反対勢力の存在が、弱い反対勢力を容易に弾圧できるロシアやベネズエラ、トルコ、ハンガリーなどとの違いを生んでいます。アメリカの反対勢力は強く、野党が2018年(の中間選挙で)下院で過半数を握りました。トランプ氏に能力がなく、反対勢力が強いことから、トランプ氏が即座に(アメリカの民主主義を)破壊することが困難なのです。これは良いニュースです。

ただし、悪いニュースもあります。それはトランプ氏が、それでも、かなりのダメージをアメリカの民主主義に与えてきたということです。彼が共和党をこんなに早くコントロール下に置けるとは想像しませんでした。彼を制御するグループが党内に残ると思っていましたが、消え去りました。彼は共和党を支配しています。彼がやることなすことを党は支持している。相当危険です。

——どんなダメージを与えましたか？

恐らく最も問題なのは、根幹にある政府機関で、着実に人事の追放と入れ替えを進めていることです。諜報機関や連邦捜査局（FBI）、司法省は独立した専門機関であるべきですが、トランプ氏は、ハンガリーやトルコほどに徹底的ではなくとも、ゆっくりしかし着実に最良の専門家たちを追い出し、空席には、忠誠を誓う、言いなりの人間をはめ込んでいます。継続的に取り組むことで、トランプ氏は政府機関内での力を増し、諜報機関や司法機関を自分や仲間の権益を守るため、もしくはライバルを捜査したり、懲らしめたりすることに使うかもしれません。アメリカの統治機構は強く、大統領が全権を握っているわけではないので、進展はゆっくりで部分的です。ベネズエラのチャベス元大統領のような全般的な独裁化ではないが、かなりのダメージを与えてきました。フリーダムハウスやV-Demなど、世界の民主主義の指標によると、アメリカの民主主義は明らかに後退し、最も民主的な国家には分類されず、2軍です。まだ民主主義ですが、トランプ政権の最初の3年間でかなり深刻な統治機構の弱体化が起きました。

――先ほど共和党の話をされましたが、あなたは著書でも、政党が果たしてきた役割を「門番（ゲートキーパー）」として重視してきました。共和党はこの役割を果たせていない？

共和党の中では、その役割は失敗に終わりました。私たちが描いた政党の門番としての役割は、圧倒的に不人気です。現代人は政党が門番の役割を果たすという考え方が嫌いです。民意がエリートに精査されるという考え方を、エリート主義的で非民主主義的と見なします。

例えば、サンダース支持者はこの発想を嫌いました。特に革新陣営で不人気です。

私たちは、今の予備選の仕組みは、党内の指導層が門番として振る舞う権限を弱めていると指摘してきました。民主党は、特別代議員と呼ばれる公選職らが候補者選定に携わる仕組みとのハイブリッドですが、共和党は純粋に民主的なシステムです。一般の共和党員が候補者を選ぶ独占的な権限を持っている。とても民主的ですが、良い意味でも悪い意味でも、門番の手を縛っていました。だからトランプ大統領が誕生したのです。今の仕組みの導入前であれば、トランプ氏の選出はあり得ませんでした。一般党員ではなく、党の指導層が話し合って選んでいたからです。政党の門番の役割を弱めることで初めて、トランプ氏の当選が可能になったのです。共和党の指導層と個別に話せば、トランプ氏が大衆扇動的で危険であり、大統領に不向きであると言います。私たちは、民主主義を守るため、共和党指導層は自身の短期的な政治野心を犠牲にしてでも、民主党候補ヒラリー・クリントン氏を支持するべきだと主張しましたが、彼らは聞き入れませんでした。

――民主主義の規範は1990年代から壊され始めていて、トランプ氏が破壊を始めたのではないと主張されています。1990年代に何があったのですか?

規範の崩壊はゆっくりと進む傾向があります。Aが一線を越えて規範を破り、成功する。するとBは従来の規範を破ってやり返す。すると、Aは規範がなくなったことを悟り、もう一つ別の規範も破るという具合です。ゆっくり進みます。突然、すべての規範を破ってやると決意するわけではない。相対的にゆっくりしたプロセスです。

このプロセスは分極化によって突き動かされます。何の理由もなく起こるものではない。アメリカの規範が崩壊したのは、二大政党がきわめて分極化しているからです。二大政党の支持者の間に、極めて強烈な敵対意識、恐怖、憎悪が渦巻いています。20世紀の大半において、例えば私が育った1970年代や1980年代は、両党に違いはありましたが、双方が嫌い合っているということはなかった。ところが2000年代の初頭までには、相手に対して抱く恐怖と憎悪の度合いが急激に増したのです。相手に対して恐怖を抱くとき、もう一方の政党を単なる「もう一つの政党」ではなく、「敵」や「脅威」「邪悪」と見なしたとき、相手を阻止するためにどんな手段でも使いたくなるのです。その思惑が政治家に規範を破らせるのです。この分極化した新時代において、規範を破ることは政治的に有効だと最初に気付いたのが、(元下院議長)ニュート・ギングリッチだったのです。90年代前半に共和党のリーダーになり、党員に規範破りをするよう働きかけた。特に民主党を「裏切り者」「非愛国者」「反米」として扱う論法を広めました。これが相互寛容の放棄です。

規範の崩壊が際立ったのが、オバマ政権の8年間です。トランプ氏のほか、(元副大統領候補)サラ・ペイリン氏やギングリッチ氏、(元アーカンソー州知事)ハッカビー氏ら共和党の代表的な政治家が、オバマ大統領を「非アメリカ人」「反米」「社会主義者」などと呼んだ。2010年に共和党が下院で過半数を握ると、オバマ政権を阻止するために何でもやり、最高裁判事の任命まで拒否した。1990年代に始まった規範破りは深刻化し、トランプ政権下でさらに加速したのです。トランプは規範破りの主犯格ですが、彼が始めたのではない。彼は規範が既に弱っていた中で政権を獲得したのです。

――そこまでの分極化の背景に何があるのでしょうか？

過去50年間で、二大政党の支持基盤に巨大な変化が起こりました。1970年代、民主党が共和党より左派という意味で、両党の政策に違いがありましたが、彼らは文化的に、人口統計学的には、とても似通っていました。いずれも白人のキリスト教徒が大半を占めていた。20世紀中盤のアメリカは圧倒的に白人キリスト教徒の国家だったからです。

ところが、この50年間で、三つの根源的な変化が起こりました。まず、公民権運動が、南部の白人が民主党から共和党に移る「大移動」を引き起こしました。その頃、新たに選挙権を得たアフリカ系アメリカ人の大半は民主党員になりました。二つ目は、大量移民の時代の到来です。まずラテンアメリカから、続いてアジアから移民が来ました。移民とその子孫の大半は民主党員になりました。三つ目は、それまで両党に支持が半々に分かれていたエバンジェリカル（原理主義の）キリスト教徒が80年代のレーガン政権以来、圧倒的に共和党支持になりました。

これらの三つの変化の結果、誰の利益を代弁しているかという意味において、両党の違いが大きくなった。民主党は、私のような都市で暮らす、世俗的で教育を受けた白人と、ラティーノやアジア系、アフリカ系というエスニックマイノリティー、性的少数派の混合体です。いわばさまざまな人々で構成される、都市部の白人も含めた「レインボー連合」です。

一方の共和党は、ほとんどが白人、キリスト教徒です。ここが重要です。なぜなら白人キリスト教徒は、選挙において多数派だっただけでなく、あらゆる分野で支配的なグループでした。大統領、上院議員、裁判官、知事、テレビのキャスター、大学教授、映画スター、地元コミュニティのリーダーたちが、みんな白人キリスト教徒でした。財界も政治も文化も支配していたのです。

それらが劇的に変わりました。支配的な社会地位を失うことは、とても恐ろしいことです。多くの共和党支持層が「40〜50年前の、生まれ育った頃のアメリカが奪われた」と口にしてきました。とても恐ろしい認識です。共和党の過激化をあおったのが、この認識です。この認識が、どんな手段を使っても選挙に勝つ、汚い手を使ってでも勝つ、規範を壊してでも勝つという意欲を焚き付けたのです。分極化を引き起こしているのです。

私が大学院生だった1992年、ビル・クリントン氏が大統領に当選した当時、有権者の

73％が白人キリスト教徒でした。それが、オバマ再選の２０１２年に57％まで落ち、私の娘が投票権を得る２０２４年には50％を割るのです。私は、これが政治的な激震の主因だと考えています。アメリカで白人キリスト教徒が、その支配的な地位を失うという移行(transition)です。私は、このような移行を経験した民主主義(国家)を他に知りません。

——２０１３年の共和党の報告書は、党が支持基盤を多様化する必要性を説いていました。

まさにあの報告書が共和党の門番(ゲートキーパー)によって書かれたのです。でも門番は２０１６年にトランプ氏を相手に負けました。共和党の(当時の)指導層は一定方向に進もうと考えたが、共和党支持層はほとんど真逆に行きたがり、報告書が求めたのと正反対を体現する候補者を支持した。支持層に突き動かされ、共和党は全く異なる方向に走っている。２０１６年はそれで明らかに成功し、２０２０年も成功するかもしれません。

——２０２０年も？　本当ですか？

もちろんコロナ危機の真ん中では、何とも言えません。でもコロナ禍が始まる前までは、トランプ氏の再選可能性は半々で、バイデン氏を相手に互角に支持を競っていた。選挙人の競争においては共和党が少し有利です。トランプ氏は得票総数では負けても、前回同様に選挙人の数では勝てるかもしれません。トランプ氏の戦略は短期的には機能しましたが、中長期的には(社会の多様化が進む中で)政治的な自殺行為です。

――トランプ支持者の間で、特定の右派のテレビ局やラジオ番組が人気です。最近の傾向ですか？

そうでもないです。過去にもありました。１９３０年代のカトリック司祭、チャールズ・カフリンはＦ・Ｄ・ローズヴェルト大統領の批判者で、ファシストで、ラジオで多くの支持者を集めました。その意味において、新しいわけではありません。

しかし、第二次世界大戦後からケーブルニュースとインターネットが勃興するまでは、マスコミに無党派で中立的であることを求める規範とルールが現に存在していました。報道の中で一つの政党の立場を示せば、法律によって、もう一方の政党の見方も紹介しなければならなかった。厳格な規範もあったのです。ところが１９８７年に通称フェアネス・ドクトリンが骨抜きにされ、90年代にＦＯＸニュースが誕生しました。とても人気のある右派ラジオやＦＯＸニュースの番組ホストと、アメリカの有権者の30〜35％がとても過激な右派であることには、明確な関係があります。因果関係は完全にはわかりませんが、ＦＯＸニュースを見ることで、視聴者が右に引っ張られることを示す研究があります。ＦＯＸニュースが（右派言説を歓迎する）人々の関心に合わせて放映しているから、人気を博しているのも事実です。とても怒っている白人キリスト教徒が、ＦＯＸニュースの人気ホストが伝えるようなことを待ち望んでいるのです。つまり、ルパード・マードックという悪い人が、米国民の三分の一を洗脳するプロパガンダマシンを生み出したという話ではない。米国民の三分の一が求めているものを(FOXニュースが)提供しているのです。FOXニュースが人気首位であることは偶然ではない。(右派ラジオのホスト)ラッシュ・リンボー氏には大勢のファンがついています。そこにある市場に向けて彼のメッセージは送られている。その市場とは、間もなく多数派でなくなる、白人のキリスト教徒で、とてもおびえていて、怒っている。右派メディアは、その市場を発見したのです。

——まるで鶏と卵の関係ですね。どっちが先かわかりません。

まったく、その通り。鶏と卵の関係であり、同時に(お互いに有利に働く)相互作用の関係でもあるのです。

——著書『民主主義の死に方』で示した独裁者をあぶりだす「リトマス試験紙」は、現役の政治家にも使えそうです。

政治学者リンスの1978年の古典から借りてきて、洗練させました。目的は、権威主義的な候補者を、当選して国家運営に携わる前に特定する道具にすることです。候補者の言動をチェックすることで、危険な候補者が当選してしまう前に、有権者や政党の指導層が危険性に気付き、手遅れになる前に阻止することです。私は2018年のブラジル大統領選の前に招かれ、ボルソナーロ候補がリトマス試験で「陽性である」と示しましたが、彼は当選しました。

つまりリトマス試験は、本来は現職の政治家ではなく、候補者の段階で危険性をあぶりだすために考案されたものです。とはいえ、トランプ氏は全ての項目で陽性反応を示し続けています。暴力を誘発したり、少なくとも許容したりする姿勢を示しています。ヴァージニア州シャーロッツビル(本書66〜69頁参照)での言動は驚愕するものでした。彼はライバルの正当性を引き続き認めず、ほぼ全てのライバルを「売国奴」として扱ってきました。米政治史で前代未聞の態度です。ライバルの市民的自由を踏みにじる行為を止めようともしません。ジャーナリストや野党を裁判に訴えて黙らせようとしています。そもそも民主的なルールに従うという意思を示しません。彼は候補者としても、そして大統領としても、全ての指標で陽性反応です。彼が今年の大統領選で負けると悟った際に、どのような行為に出るのか心配です。

オバマケア(医療保険制度改革)をめぐり論争する人々.「憲法(の精神)を破壊する」と掲げて批判する女性に対し，男性は無保険のアメリカ人を減らせると擁護していた(2010 年, ワシントン DC)

第 4 章
二極化する社会と大統領選

1　さまざまな分断線

アメリカの保守、リベラルとは?

民主党と共和党の二大政党間で基本的に繰り広げられる大統領選だが、それぞれの立場を説明する際に「保守」「リベラル」という言葉が使われる。アメリカにおける保守、リベラルとは、どんな立場を意味するのだろうか。ピュー・リサーチ・センターは、有権者のイデオロギー調査に1994年以来、取り組んでいる。同じ質問を有権者に繰り返し聞くことで、イデオロギーの変遷をつかもうとしている。どんな考え方が「保守」、「リベラル」であるかがわかるので、質問項目を対比する形で列挙してみよう(表4-1)。それぞれ左側が保守の立場、右側がリベラルの立場の典型例だ。

保守とリベラルの立場を対比させると、両者の思想の違いが見えてくる。保守には「小さな政府を支持」「伝統的な価値観を重視」「軍事力の重視」という特徴が、リベラルの側には「大きな政府を支持」「多様性を重視」「外交の重視」という特徴がある。

表4-1　イデオロギー調査の指標

保　守	リベラル
• 政府はほぼいつも無駄で非効率的だ	• 政府は人々が評価しているよりもうまく機能している
• 政府によるビジネス規制はたいてい利益より害が大きい	• 政府によるビジネス規制は公共の利益を守るために必要だ
• 何もしなくても政府支援を得られるので，今日の貧困層は気軽だ	• 貧困層の生活が苦しいのは，政府の支援はまともな暮らしができるための支えには足りていないからだ
• 今日の政府は生活困窮者をこれ以上支えることはできない	• 仮に債務を増やすことになっても，政府は生活困窮者を今以上に支えるべきだ
• 黒人がこの国で前進できないのであれば，それはほぼ自己責任だ	• 黒人がこの国で前進できないのは人種差別が主な理由だ
• 雇用や住宅，医療保険を奪うので，今日の移民は国家の重荷になっている	• 移民の勤労と才能はこの国を強くする
• 平和を確かなものとする最良の方法は，軍事的な強さである	• 平和を確かなものとする最良の方法は，よい外交だ
• 大半の企業はフェアで妥当な利益を出している（過剰ではない）	• 企業は過剰な利益を出している
• 厳しい環境法や規制は，あまりに多くの雇用を犠牲にして，経済を痛める	• 厳しい環境法や規制は，犠牲を払う価値がある
• 同性愛は社会によって抑制（discouraged）されるべきである	• 同性愛は社会から受け入れられるべきだ

（出典：ピュー・リサーチ・センター）

政府や社会規範に求める役割が大きく異なる、とも整理できる。経済争点と社会争点に二分類して考えてみたい。

経済争点では、保守は「小さな政府」を、リベラルは「大きな政府」を求める。保守は、個人の自由、ビジネスの自由を重視する立場から、「ビジネスは民間に任せてくれ、政府はなるべく介入するな」と言う。政府の規制や増税に原則的に反対・慎重な立場だ。ビジネス優先で、経済が好調であれば、雇用が増えて、出自を問わずに個人が能力を発揮できる環境が整い、アメリカ全体が潤うと主張する。

これに対して、リベラルは「既にある格差が大きすぎて、市場放任ではフェアな競争にならない。政府は介入して競争条件を整えてくれ」と主張する。生活困窮者らを支援する再分配政策に積極的だ。環境や消費者の保護など、公共利益の観点からも、規制導入などの政府の役割を重視する。リベラルも「自由」を重視するが、保守とは捉え方が異なる。個人が「自由」であるために、公教育の充実や労働法制など、政府の介入で環境が整備されるべきだと考える。

信仰・性・銃所持などに関わる社会争点では、リベラルは、多様性を尊重し、何を信じるか、誰を好きになるかなどは、個人が決めればよい、と考える。そのため「個人の生き方や価値観など、私的な領域に政府や社会は干渉するな」と主張する。異なる文化や価値観に寛容で、新たな権利や新たな価値の承認を求める。一方、保守は、価値の相対化や多様化に懐疑的で、伝統的な社会規範や制度を守ろうとする。アメリカでは、特に高齢者の中に、キリスト教の価値観に基づいた社会が望ましいと考える傾向が強い。

具体的には、妊娠中絶、同性婚、公立学校での聖書朗読などが主要な争点になる。いずれも宗教と深く関わっており、熱心なキリスト教徒と世俗派の対立という構図になることが多い。

アメリカではリバタリアン思想も根強く支持されている。「自由放任主義」や「完全自由主義」と訳されることが多いが、こちらは経済争点でも社会争点でも一貫して「小さな政府(控えめな社会規範)」を支持し、「私に干渉するな、放っておいてくれ」と求める。このためリバタリアンの立場は、経済争点では共和党に近く、社会争点では民主党に近くなる傾向にある。

このように、ひとくちに保守と言っても、経済争点での保守と、社会争点での保守は異なってくる。そのため本書でも、必要な箇所では、経済保守(fiscal conservatism)と社会保守(social conservatism)という表現で区別したい。

アメリカの独特な政治風土

こうした保守とリベラルの対立構図は、アメリカでは独特な展開を見せた。

信仰の自由を求める人々や、貿易や開拓からの経済的な利益を求める人々が海を渡り、18世紀前半までに北アメリカ東岸に13の植民地ができた。リスクをおかして新天地を求めた彼らは自主独立の精神に富んでいた。

次第に植民地側では本国イギリスへの不満が高まり、ボストン茶会事件を経て、独立戦争が始まった。この時のスローガンの一つが、「代表なくして課税なし」であった。13植民地の代表は1776年7月4日、フィラデルフィアで独立宣言を発表した。この宣言は、人間の自由や平等、社会契約説、圧政に反抗することの正当性を主張するものだった。イギリスは1783年のパリ条約でアメリカ合衆国の独立を認めた（欧州から移り住んだ白人の独立に過ぎず、アフリカ大陸から意思に反して連れてこられた黒人、元々北アメリカにいた先住民の権利は無視されていた）。

このようにアメリカは、個人の自由と平等、人民主権を基本原理として作られた。特に、民主的正統性のない課税の問題で、政府（この時はイギリス政府）に反逆したことは重要である。圧制と恣意的な支配に対する人民の反逆から独立が達成されたことは、アメリカの性格を語る上で決定的な重要性を持つ。ジョン・ロックの説くように、生命と財産を守るために、人民の合意に基づいて政府が組織されたのである。この意味で、建国の時点ですでに、ロック的自由主義が土台に敷かれていた。一方で身分制秩序、長子相続制などの封建的な社会制度は、イギリスから移植されたものの、独立戦争におけるイギリス敗北後、ほぼ消滅した。すなわち、欧州のような伝統的な保守派が極めて弱かったことになる。成年白人男子について言えば、18

30年代にはほぼ全員に普通選挙権も普及した。アレクシス・ド・トクヴィルが言うように、「アメリカは生まれながらにして平等(born equal)」であった。イギリスに見られるような固定的な貴族階級も労働者階級もなく、多くの国民が政治的平等を獲得し、経済的上昇の機会を持つような社会では、社会主義が有力な勢力になることは容易でなかった。

こうして、アメリカに独特な政治土壌が形成された。欧州では一般的に「保守主義」と「自由主義」と「社会主義」が勢力を競った。「自由主義」は存在したが、当初は微弱な存在であり、政治的闘争を苦労して勝ち進みながら、長い時間をかけて成長してきたにすぎない。しかし、ルイス・ハーツが指摘したように、アメリカでは自由主義が当初から圧倒的優位に立ったのである。

皮肉なことに、高貴なるものの義務(ノブリス・オブリージェ)の観念を持つ貴族階級が政治を担ったイギリスにおいて福祉政策はより早くから発達したが、機会の平等が行き渡り、あるいはそのように認識されているアメリカでは、逆に努力と能力さえあれば誰でも成功できると観念され、結果的に政府による福祉政策は立ち遅れることになる。

アメリカでそれが大きく変わったのは、大恐慌のさなかに打ち出されたニューディール政策においてであった。ここでようやく、老齢年金、失業保険、生活扶助などの政策が導入され、アメリカはヨーロッパの福祉国家にある程度追いついた。これらの政策を遂行した民主党の大統領フランクリン・D・ローズヴェルトらは、自らを「リベラル」と呼び始め、その語法はメディアと国民の間ですぐに浸透し始めた。この時から、アメリカでは大きな政府を支持する勢力がリベラルとなり、小さな政府を意味していたヨーロッパと意味内容が逆転することになった。それまで自らの小さな政府支持の立場をリベラルと呼んでいた共和党はニューディール期、少数党に転落したのみならず、自分の政治的立場を形容する言葉まで奪われてしまったのである。1960年代頃からようやく、共和党右派が、大きな政府に反対する立場を「保守(conservative)」と語るようになり、今日の保守、リベラルの対立構図が固まった。

1960年代にはジョンソン民主党政権が「貧困との闘い」「偉大な社会」を掲げて、政府の介入で社会問題の解決を図った。リベラル派の黄金時代であった。一方で1980年代になると「保守主義」を掲げるレーガン政権(共和党)が支持を集め、共和党候補が大統領選で3連勝した。こうして「リベラル政党」としての民主党、「保守政党」として共和党という位置づけがおおむね定まった。

なお、日本ではヨーロッパ的意味でのリベラルとアメリカ的意味でのリベラルが同時並行的に混同されて使用される場合が多い。「新自由主義(ネオ・リベラル)的経済政策の格差拡大効果」などと使われているときは、ヨーロッパ的な意味である。他方で、「リベラル勢力の結集が必要」などでは、おそらくアメリカ的な意味で使われていると思われる。ロナルド・レーガンの経済政策はヨーロッパ的語法ではリベラル、アメリカでは保守となる。あるヨーロッパ政治思想研究者は、比較政治の研究会でアメリカ人のリベラルの使用法は間違っていると批判したが、おそらく批判しても効果はないし、生産的ではないだろう。良い悪いの問題でもない。厳密に言えば、保守の意味も国によって大きな違いがある。書く側と読者の双方が、このような違いを認識しておくことが必要であろう（当然ながら、書き手の責任の方が重い）。ちなみに、アメリカ政治ないしアメリカ史の分野では、ニューディール的意味でのリベラルについては、自由主義的あるいは自由主義者と訳さずに、そのままカタカナでリベラルと表記する慣行がある。

国家像の違い

保守とリベラルは、目指す国家像も異なっている。１９８０年代末頃からは、社会争点における保守とリベラルの対立は「文化戦争」と呼ばれるまでになった。価値をめぐる問題は妥協が困難で、対立が激しかった。次から次へと移民を受け入れてきたアメリカでは、支配的文化と、新移民らが持ち込む周辺の文化との摩擦は常にあったが、支配的文化が疑問視され、優位が揺らぐほどにはならなかった。だが、20世紀末の「文化戦争」は様相が異なった。

アメリカでは１９６０年前後から、社会のあり方にさまざまな角度から異議を唱える運動が盛り上がった。特にヴェトナム戦争が泥沼化し、政府への信頼が揺らぐ中、国内では人種分離制度の撤廃を目指す「公民権運動」、主流の文化や価値観に疑問を呈す「カウンターカルチャー」、女性の社会進出を求める「女性解放運動」、性的少数派の権利拡大を求める運動など、新たな権利や多様性を求める声が強まった。これに、キリスト教を土台にした従来の社会規範や伝統的な家族像が揺さぶられ、変化を余儀なくされた。

こうした変化をアメリカ社会の「前進」と見るか、「後退」と見るかに、深い分断がある。リベラルや民主党支持層には「多様性は力」という考え方が定着している。一方、社会保守や共和党支持層には、白人の高齢者を中心に、かつての誇らしかったアメリカ社会が急速に変質してしまったという不満が根強い。1965年の改正移民法(後述)でヒスパニックやアジア系の移民が急増し、人口に占める白人の割合が下がっていることに懸念を抱く人もいる。

社会リベラルとは何か

社会争点において、リベラルは多様性を尊重する。異なる文化や価値観に寛容であることを重視して、従来の社会制度や規範を見直す。伝統的な「家族像」や「性別役割(男性らしさ、女性らしさ)」と合致しない生き方を選ぶ人も出てくる。

最近、アメリカで大きく動いた社会争点としては、連邦最高裁が2015年に画期的な判決を出した同性婚がある。性的マイノリティー（LGBTQなど）の立場も改善された。

性的マイノリティーの権利擁護を訴えるイベントは全米各地で開かれている。中でも大規模なのが、6月のニューヨーク・マンハッタンのパレードだ。ありのままの自分にプライド（誇り）を持つという意味で、「プライド・パレード」や「プライド・マーチ」と呼ばれる。

参加者は思い思いの衣装に身を包み、マンハッタンの五番街を歩く。「（再び）見えない存在になることを拒む」。そんなメッセージを掲げる人々に、沿道で待ち受ける大観衆から声援が送られる。「半世紀前から多くの人々が闘って、私たちの権利を前進させてきた。眉をひそめる人がいるのは知っているが、そんな人々には「一歩も後退させない」との決意を示したい」（20歳の参加者）といった動機が語られる。

「プライド・パレード」に参加する同性婚のカップル（2017年6月25日）

4年前に同性婚したカップルを紹介したい。バイク販売員の女性（当時45）はパートナーの女性とそろいのレインボーカラーTシャツで参加していた。2008年から交際を始めて、通常の結婚と似た権利を得られる「シビル・ユニオン」を経て、2013年に（すでに州法で合法化されていた）ニュージャージー州で結婚したという経緯をプラカードに書き込んでいた。「保守主義」を掲げるトランプ政権が始まったことを受け、女性は「LGBTQ運動の「逆戻り」を懸念している。少数派の権利保護に熱心なオバマ時代が終わった今こそ、より大きな声を上げる必要がある」と、参加の動機を語った。

ライフスタイルにも違い

アメリカでは、ライフスタイルを眺めるだけで、その人の政治的な立場がわかることがある。例えば、日常生活に不可欠な車。燃費は悪いが、力強く走るアメ車のピックアップトラックを乗り回しているのは保守派が多く、逆に、環境に配慮された燃費のよい小型の外国車に乗っているのはリベラル派。おおざっぱだが、そんなイメージだ。あるいは真のリベラル派は、公共交通機関の利用や自転車ないし徒歩に徹するかもしれない。

公共ラジオ放送NPRの番組(2018年10月8日)では、大学の研究者が街の風景の違いを描写していた。

〈保守的な街の風景〉「学校では愛国心と敬意を強調して教えます。規則を土台にした教育システムです。家はどれも比較的似ているでしょう。美しい緑の芝生はきちんと刈られて、整えられています。町は静かで、教会がたくさんあります」

〈リベラルな街の風景〉「学校は、繰り返しの暗記よりも体験的な学習活動が多いでしょう。人々は床一面にカーペットの敷かれた家よりも、木製の床のある古い家を好みます。庭は自然に近い形で残すでしょう。バーや劇場、海外の映画を上演する映画館が、教会より多くありま す」

保守派は「秩序(order)」を好み、リベラルは「多義的なもの(ambiguity)」を大切にする傾向があるという。ステレオタイプとの批判もあるが、暮らしぶりと政治志向の関係は、まじめな研究対象にもなっている。

二大政党の支持層の両極化、真ん中が減った

こうしたさまざまな違いがあるだけではない。分極化が少しずつ激しくなっていることも、各種調査が浮き彫りにしている。ピュー・リサーチ・センターによる、193頁記載の設問項目を使った調査で、有権者のイデオロギー分布が、1994年、2014年と図4-1のように変遷していることが判明した。

10項目の回答の結果、「一貫して保守」と「一貫してリベラル」と分類された有権者の割合は、1994年に計10%だったが、2014年には計21%に倍増した。その分、保守やリベラルの立場が混ざる(中央部分の)有権者の割合が減った。

二大政党の支持層のイデオロギーの純化も進んでいる。共和党支持層では保守化が進んでおり、民主党支持層の中央値より保守（右へ）に位置する共和党支持層の割合は、1994年の64％から2014年の92％に増えた。同様に2014年の民主党支持層の94％は、共和党支持層の中央値よりリベラル（左へ）に位置していた（1994年は70％だった）。両党の支持層がそれぞれの方向にイデオロギー色を強めた結果、両者のグラフを重ね合わせると、重なる部分が減った。「二こぶラクダ型」のようだ。

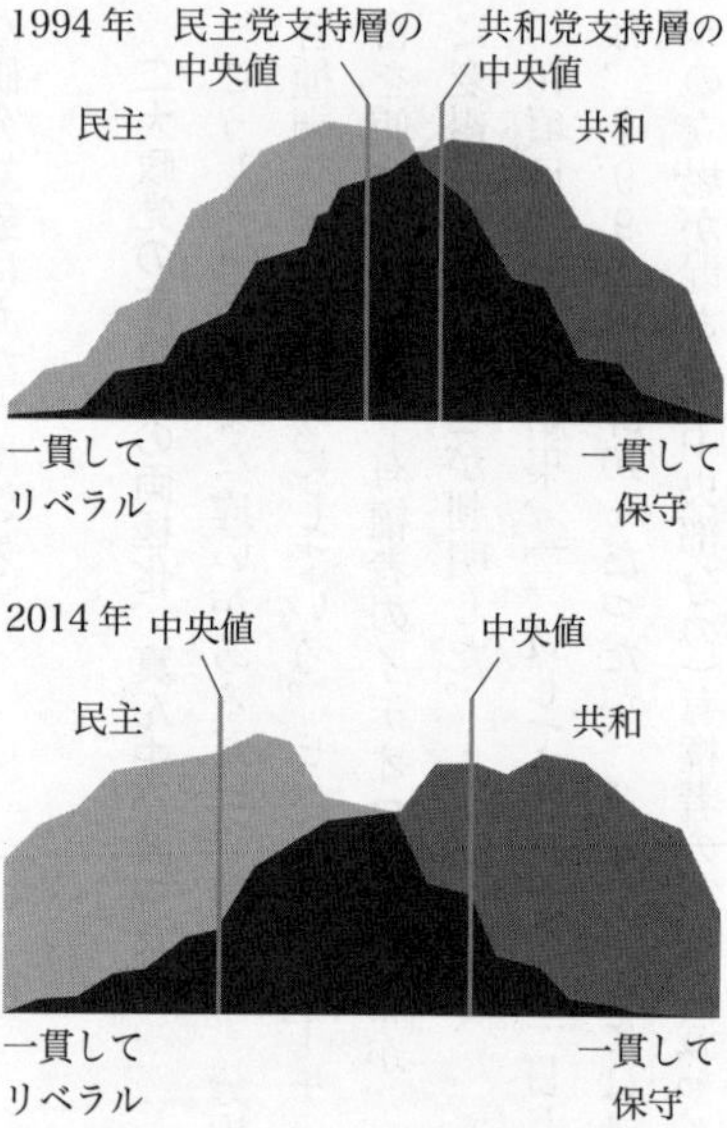

図4-1　1994年から2014年にかけてイデオロギーの分極化が進み，両党支持層が重なる部分が減り，2つの山が左右にできた（出典：ピュー・リサーチ・センター）

民主党は都市で、共和党は地方で強い

共和党候補トランプは地方で強さを見せた。ピュー・リサーチ・センターの統計によると、

地方で共和党が優勢になったのは最近の傾向であることがわかる(図4-2)。地方では、1990年代末からしばらくは両党の支持が拮抗し、2007年には民主党がリードしたこともあった(民主党45%、共和党43%)。ところが、2009年頃から地方で共和党の優位が強まり始め、2017年には「共和党支持」「共和党寄り」と答えた人が計54%で、「民主党支持」「民主党寄り」(計38%)を引き離している。

一方、都市での民主党優位の傾向は、少なくとも1990年代末から定着し、少しずつ差を

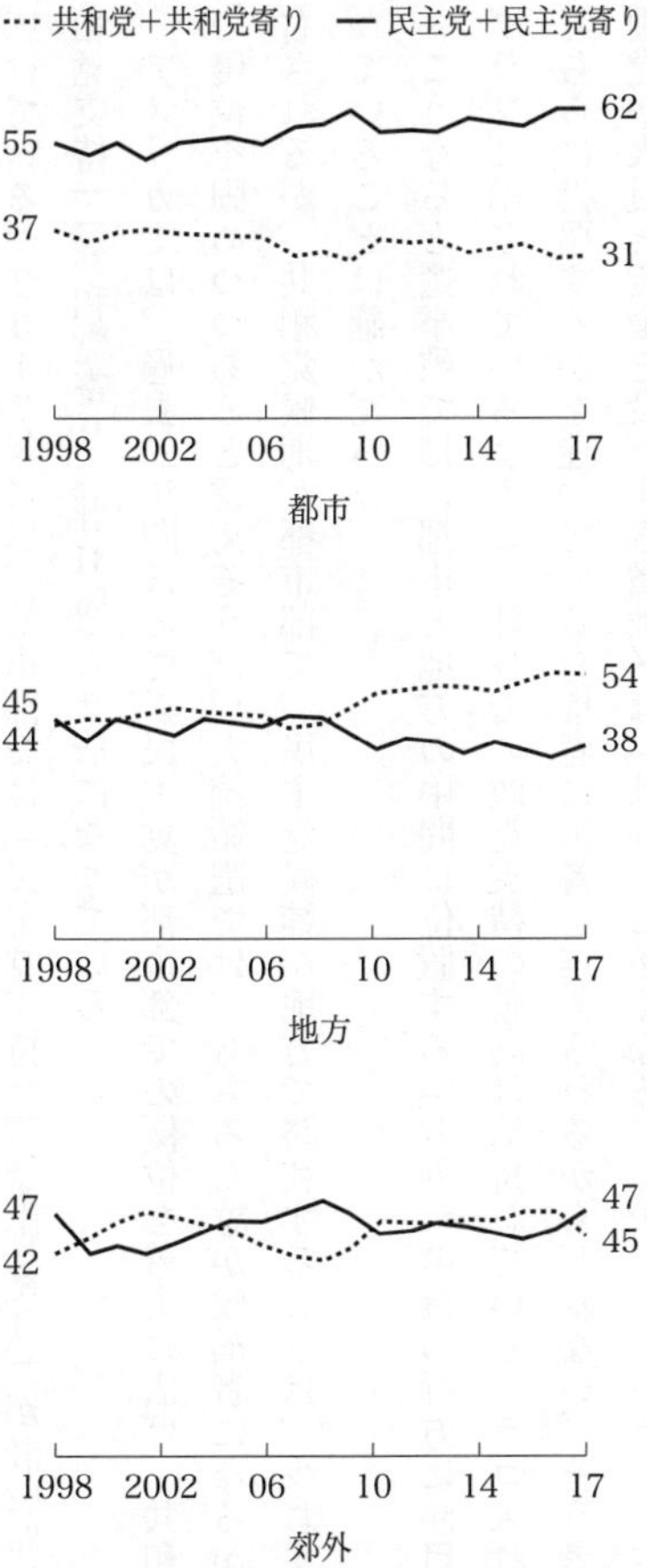

図4-2　都市・地方・郊外での政党支持の動向(出典：ピュー・リサーチ・センター)

広げている。２０１７年には、都市部では「民主党支持」「民主党寄り」が計62％に達し、「共和党支持」「共和党寄り」（計31％）の2倍になっている。

アメリカでは、過去20年間ほどで、民主党が都市部での優位を着実に広げ、共和党が地方での優位を固めつつあると言えそうだ。大統領選では、もちろん誰が候補者になるかに大きく左右されるが、共和党候補が都市部で、民主党候補が地方で勝利することは、少しずつ難しくなっていることは確かだろう。

こうなると選挙戦では、都市と地方の中間に位置する「郊外」の票の行方に注目が集まる。グラフに示されているように、郊外での政党支持の動向は拮抗している。テコ入れすることで、どちらに投票するかを迷っている有権者に影響を与えられるかもしれない。そう考えるため、両党が人員と資金を投下する激戦区は「郊外」に多くなる。

人種やエスニシティーの投票傾向

マイノリティーは近年、民主党支持の傾向が強い。ピュー・リサーチ・センターのグラフが、１９８０年の大統領選以降の変遷を示す（図4-3）。このグラフの見方には少しだけ説明を要するかもしれない。「民主党（D）＋40」と書かれてあれば、民主党候補が共和党候補に40ポイント差をつけた、という意味。例えば、民主党候補が70％、共和党候補が30％の支持を集めた場合や、民主党候補が65%、共和党候補が25%、第3政党の候補が10%という場合などが当てはまる。二大政党の候補のどちらが、どれだけ優勢だったかを示すものだ。

まず目立つのは、黒人の民主党支持の傾向が大きく出ていることだ。黒人は、民主党候補が共和党候補を70~80ポイント以上、上回ってきた。中でも2008年と2012年の民主党候補バラク・オバマは、黒人票で圧勝したことが読み取れる。黒人は、南北戦争のさなか1863年に奴隷解放宣言をした大統領エイブラハム・リンカンの共和党を長く支持してきたが、ほぼ100年後の1960年代に民主党大統領リンドン・ジョンソンのもとで公民権法と投票権法が成立すると、民主党支持に移った。

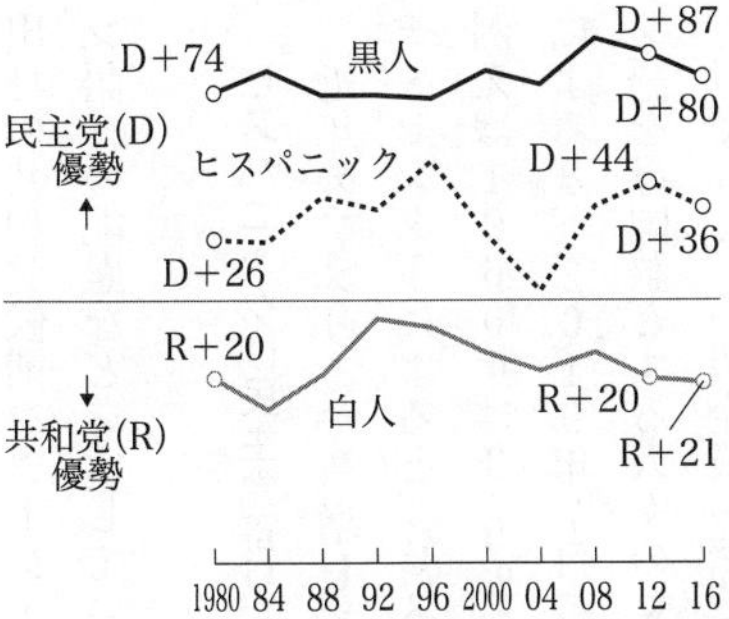

図4-3　1980年の大統領選以降の黒人とヒスパニック，白人の投票傾向（出典：ピュー・リサーチ・センター）

白人は逆に共和党支持の傾向がある。1980年以降では、1992年の大統領選で初当選した民主党候補ビル・クリントンが、白人票でほぼ共和党候補と互角に闘ったことが注目される。

ヒスパニックには敬虔なカトリック教徒が多く、妊娠中絶をめぐる姿勢などで保守的な立場をとる。2004年に民主党候補の優位が縮んだのは、テキサス州出身の共和党候補ジョージ・W・ブッシュ(子)が穏健な不法移民政策を掲げたことや、スペイン語への配慮などを示していたことが考えられる。

ヒスパニックは民主党寄り

近年のアメリカで急増しているのが、このヒスパニック(ラティーノ)だ。ピュー・リサーチ・センターによると、ヒスパニックの人口に占める割合は、1965年の改正移民法の前、例えば1960年は3・5%に過ぎなかったが、2015年には17・6%に増えた。国勢調査局によると、2019年7月時点で推定18・5%となっている。ここまで大きくなると、スペイン語を母国語とする人々のマーケットができるのだろう、テレビのスペイン語放送が充実するだけでなく、一般企業の消費者窓口でも「英語ですか? スペイン語ですか?」と二択で聞かれるほどになっている(筆者は他の選択肢を聞いたことがない)。

ヒスパニックは、今では黒人(2019年時点で13・4%)を抜いて、アメリカで最大のマイノリティー集団になっている。こうなると選挙における影響力も当然注目されるようになる。大統領選において、ヒスパニックのおおよそ6~7割が、民主党候補に投票してきた(表4-2)。多様性の価値を民主党の指導者が掲げてきた影響が大きいのだろう。他方で、ヒスパニック票を20%台しか獲得できずに当選できたドナルド・トランプは例外的な存在と言えそうだ。

表4-2　大統領選におけるヒスパニック(ラティーノ)の投票先

	民主党	投票割合	共和党	投票割合	民主党の得票差
1980	ジミー・カーター	56%	ロナルド・レーガン	35%	＋21
1984	ウォルター・モンデール	61%	ロナルド・レーガン	37%	＋24
1988	マイケル・デュカキス	69%	ジョージ・H・W・ブッシュ	30%	＋39
1992	ビル・クリントン	61%	ジョージ・H・W・ブッシュ	25%	＋36
1996	ビル・クリントン	72%	ボブ・ドール	21%	＋51
2000	アル・ゴア	62%	ジョージ・W・ブッシュ	35%	＋27
2004	ジョン・ケリー	58%	ジョージ・W・ブッシュ	40%	＋18
2008	バラク・オバマ	67%	ジョン・マケイン	31%	＋36
2012	バラク・オバマ	71%	ミット・ロムニー	27%	＋44
2016	ヒラリー・クリントン	66%	ドナルド・トランプ	28%	＋38

＊勝者が網掛け

(出典：ピュー・リサーチ・センター)

共和党サイドでは、長期的には人口動態の変化を見据えて、ヒスパニック有権者を惹き付けるための模索が続くことになるのだろう。ヒスパニックの割合が多いのは、メキシコに近いニューメキシコ州(48%)、カリフォルニア州(39%)、テキサス州(39%)、アリゾナ州(31%)、ネヴァダ州(28%)となる。大きな都市があるフロリダ州(24%)、ニューヨーク州(19%)などにも多い。

白人の中でも分断が拡大中

少し異なった角度から、民主党・共和党支持者のあり方を見てみよう。

同じ白人でも、近年、学歴による違いが政党支持を決定する重要な要素になり

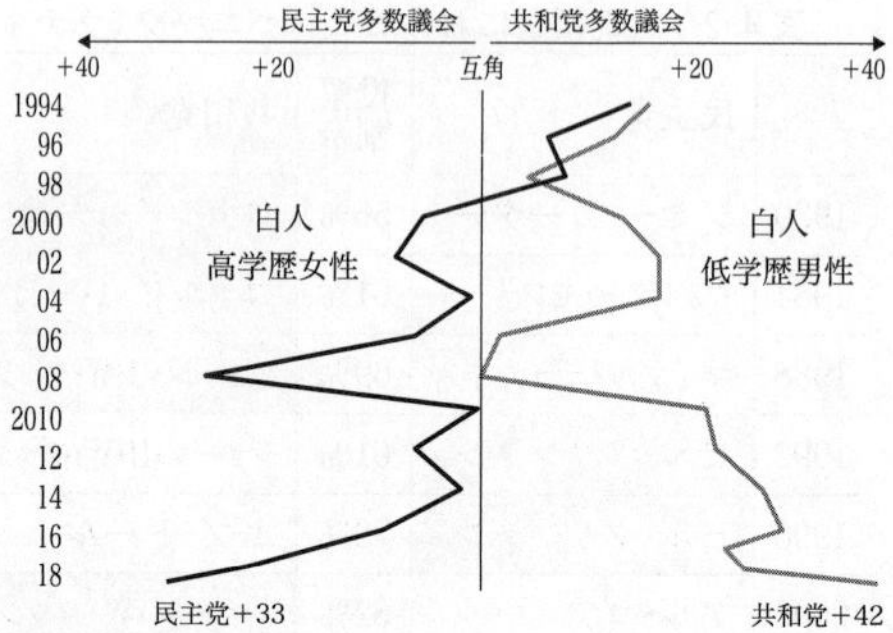

図 4-4　「連邦議会の多数党にどちらを望むか」という問いへの回答の変遷．白人の間でも違いが大きくなっていることがわかる（出典：ウォールストリートジャーナル，2019 年 2 月 25 日）

つつある。それは特に、白人の高学歴女性と同じ白人の低学歴(高校卒業)男性を比較すると明らかになる。図4-4に見られるように、1994年の調査では、連邦議会の多数党として民主党と共和党のどちらを望むかについて聞かれたとき、どちらも共和党支持であり、その数値もほとんど同じであった(例えば民主党を望む回答者が40%、共和党が60%であれば共和党側にプラス20となる。1994年の数値はこれに近い)。しかし、その後この二つのグループの回答は異なるようになり、2018年の中間選挙前には大きく乖離するようになった。特に2015年頃からは、トランプ・ファクターも無視できない。

白人の低学歴男性はトランプとそれを支える共和党に強く惹かれ、逆に白人高学歴女性はトランプ的価値観やレトリックに強く反発して民主党多数議会を希望している。アイデンティティーをめぐる分裂や対立は、単に白人と黒人、あるいはヒスパニックの間にのみ存在するので

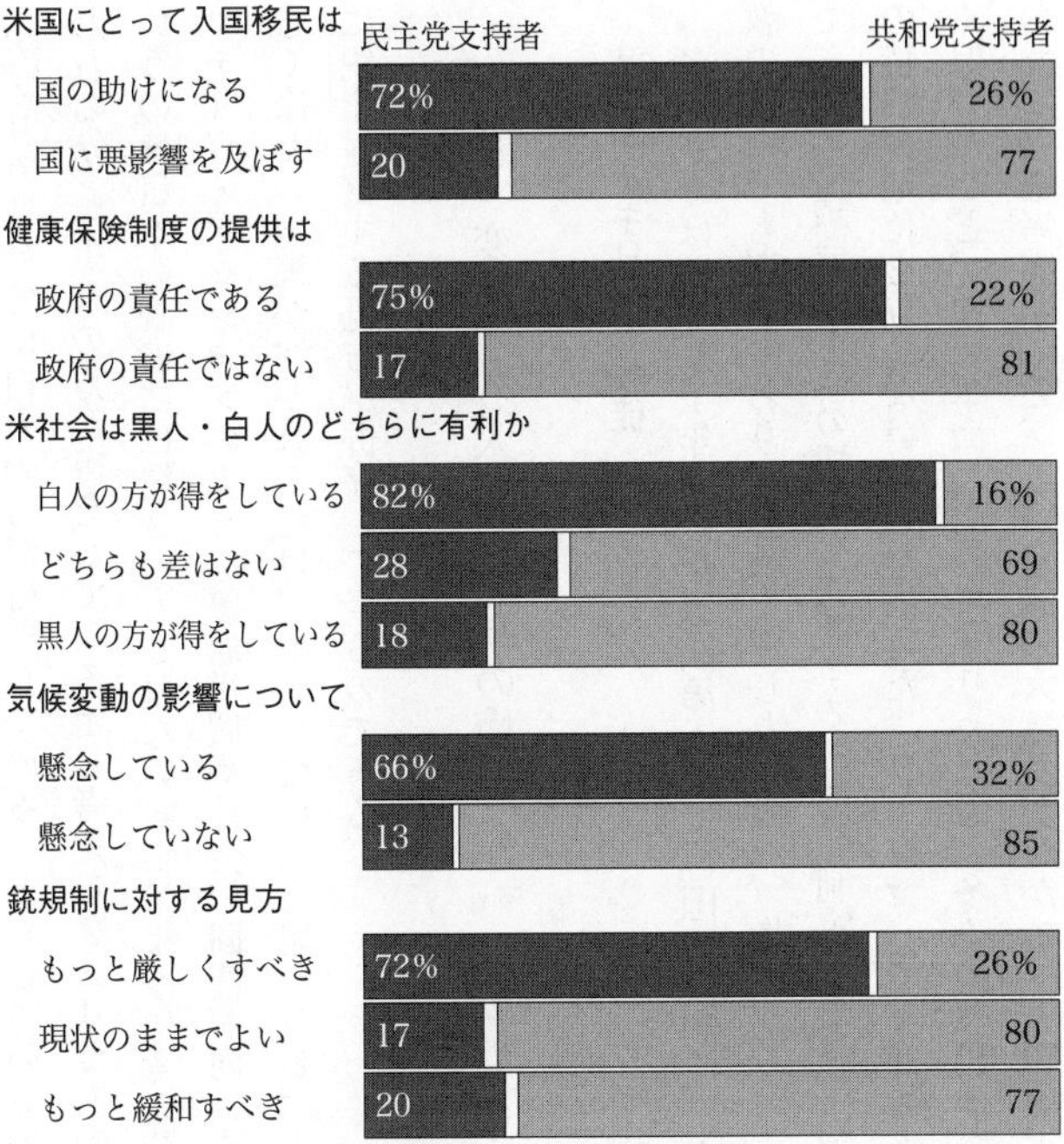

図 4-5　主要課題に対する意見の違い（出典：ウォールストリートジャーナル日本語版，2018 年 11 月 9 日）

はなく、白人の間にも存在することを忘れてはならない。

また、民主党支持者と共和党支持者が、アメリカが直面する主要課題についていかに異なる見解を持つに至っているかを示したのが、図4-5である。移民、健康保険、気候変動、銃規制などでの分極化はよく知られているかもしれないが、人種問題でもそれは深刻である。黒人を多数含む民主党支持者の多くが、

「アメリカ社会では白人の方が得をしている」と感じているのは理解できる点ではないかと思われるが、「黒人の方が得をしている」と考えるアメリカ人の約80％が共和党支持者であるというのは日本の読者には驚きかもしれない。このように考える人々は、黒人であればアファーマティヴ・アクションのような優遇措置や社会の同情が向けられるが、白人の場合にはただ厳しく冷たい視線が注がれるだけだと感じていると思われる。人種問題をめぐっても、このように鋭く対立する見方が併存しているのである。

2　変化する大統領選挙の構図

減少するキリスト教徒

アメリカは1791年の修正憲法第1条で「国教会制度」を放棄した（同1条は同時に「信教の自由」も定めており、宗教を奉じたい者は、権力からの干渉を受けることなく信仰を実践できる）。議会に国教の樹立を支援する法律の制定を禁じ、国家が特定の宗教に国教会としての特別の地位を与えないことを決めた。ヨーロッパでキリスト教が国教会としての地位をながく保ったこと、独立革命の前のアメリカでも、多くの植民地が国教会（公定教会）制度を採っていたことを考慮すると、その意義の大きさがわかる。人類史上で初の「政教分離」の法制化だつたという（森孝一「アメリカ宗教と多文化主義」油井大三郎編『多文化主義のアメリカ』東京大学出版会、1999年、141頁）。

それでも今日に至るまで、アメリカの文化保守の主張の土台には、「ユダヤ・キリスト教的な伝統（Judeo-Christian tradition）」がある。敬虔なキリスト教徒が多い「バイブルベルト」では、この伝統に根ざした社会規範が揺らいでいることに不満を語る高齢者に出会う。中でも聖書を文字どおり理解する「エバンジェリカル（福音派）」に多い。

こうした人々にとって最大の懸念の一つが、アメリカでキリスト教徒が減少していることだ。ピュー・リサーチ・センターによると、自分をキリスト教徒と認識している人の割合は2009年の77％から2019年（前年からの継続調査）の65％に下がった。この期間にプロテスタントは51％から43％に、カトリックは23％から20％に減った。同時に自分の宗教的なアイデンティティーを「無神論者」「不可知論者」「特になし」と回答した人の割合は同期間に17％から26％に増えた。

多数のヨーロッパ諸国と比較すると、アメリカの特徴は極めて宗教的であることである。ただし、アメリカを時系列に即してみると、そこでは世俗化が進んでいるのである。

定期的に教会に通う人の割合も落ちている。「少なくとも月1〜2回は礼拝に参加する」と回答した人の割合は、2009年は52％で、「時々しか参加しない」と「全く参加しない」の

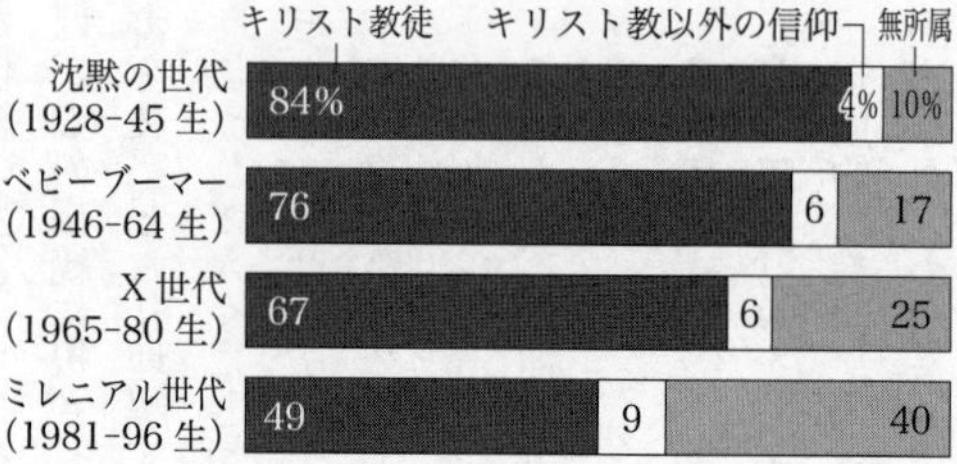

図4-6　若い世代ほどキリスト教徒であるとの認識が低い(出典:ピュー・リサーチ・センター)

計47%よりも多かった。ところが、2019年調査では、「少なくとも月1~2回は礼拝に参加する」が45%に減り、「時々しか参加しない」と「全く参加しない」人々は計54%に増え、逆転した。

世代間の違いも注目されている。1928~1945年に生まれた高齢世代では、自分をキリスト教徒と認識している人の割合が84%に達するが、76%(46~64年生)、67%(65~80年生)と着実に低下し、1981~96年に生まれた若者世代では49%と半分以下にとどまる(図4-6)。

アメリカを事実上の「キリスト教国家」と捉え、キリスト教の価値観を土台にした社会を望む保守層には、キリスト教徒が過去10年間で減り、特に若者の間で半数を切っていることは、受け入れられない現実だろう。

文化保守の懸念とは?

社会争点の保守派に広く共有されている懸念は、宗教的な側面からだけでも、いくつかある。

「公的な場所でのお祈り」「モーゼの十戒」「人工妊娠中絶」の3点を見てみよう。

一つ目の懸念は、公立学校でお祈りができなくなったことだ。彼らには、ユダヤ教とキリスト教に共通する(Judeo-Christian)の価値観を聖書から学び、それが社会の規範になってきたという意識が強い。幼少期、授業が始まる前に学校で毎朝お祈りがあったのだ。

1960年代頃から厳格な「政教分離」を求める無神論者が、公立学校でのお祈りや聖書の朗読を問題視し、訴訟に持ち込んだ。連邦最高裁は1962年、1963年の判決で、強制された祈りも聖書の朗読も違憲とした。いずれもキリスト教に基づいており、結果的に他の宗教を排除することになり、「信教の自由」を保障した合衆国憲法修正第1条に反するという趣旨だった。

こうして公立学校からお祈りや聖書の朗読の機会がなくなった(課外活動などとして継続した地域もある)。白人の高齢者の間には、「自分たちが慣れ親しんだ、キリスト教の価値観を土台としたアメリカ社会が揺らいでいる」という危機感が根強い。若者のモラルが低下しているとして、ここに原因を求める高齢者も少なくない。

最近では「メリー・クリスマス」の代わりに、宗教性を排除した「ハッピー・ホリデー」との言い方も都市部を中心に広まっている。文化保守派にとって、クリスマスの時期に「メリー・クリスマス」と言いにくくなったアメリカ社会は異様そのものだ。ちなみに、トランプが

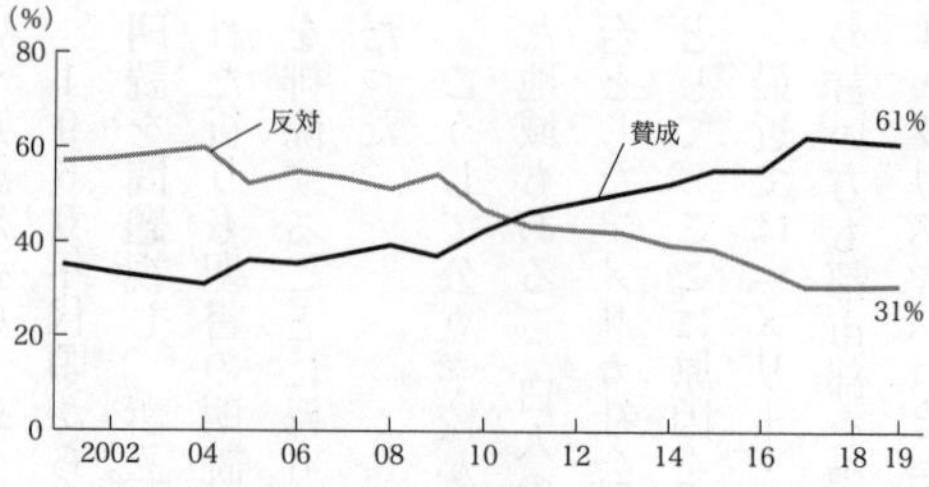

図4-7　同性婚をめぐる世論は近年，大きく動いた（出典：ピュー・リサーチ・センター）

演説で触れる一節は、まさにこの問題をついている。「ニューヨークのデパートではクリスマスツリーは飾ってあるが、最近メリー・クリスマスとは言えなくなった。メリー・クリスマスと言える社会に戻そう」というもので、これは日本で想像される以上に人気スローガンである。

最近の最高裁判決で、保守派を激怒させたものの一つが先にも触れた同性婚だ。最高裁は２０１５年、「同性婚の権利は憲法で保障されている」として、同性婚を禁じる州法に違憲判決を出した。当時の大統領オバマは「アメリカにとっての勝利」と歓迎した。

同性婚をめぐっては、最近になって世論が大きく動いた。しばらく反対派が優勢だったが、２０１１年に初めて逆転（賛成派46％、反対派44％）し、２０１９年には賛成派（61％）が反対派（31％）を大きく引き離している（図4-7）。最高裁判決でも認められており、保守派が、このトレンドを再びひっくり返すことは容易ではないだろう。

「モーゼの十戒」撤去に不満

二つ目の懸念は、「モーゼの十戒」の石碑が、各地の公共施設から撤去されていることだ。十戒には「主が唯一の神である」「父と母を尊敬する」「殺人をしてはいけない」「姦淫をしてはいけない」「盗んではいけない」などが記されている。

高齢者には、幼少期に「十戒」を暗誦できるまで練習させられたことを懐かしんで語る人がいる。「モーゼが授けてくれた十戒は、何年もの間、私たちの文化の中核に位置づけられてきた。今になって全ての公的建物から撤去を求められている。アメリカの硬貨には「我らは神を信ずる(In God We Trust)」と彫ってあるでしょう? リベラル派はそれまで削れと言う。そんなことが起きれば、何を信じればいいのかわからなくなる」という具合だ。

公立学校の敷地から教会に移された「モーゼの十戒」の石碑(2019年1月8日，ペンシルヴェニア州コネルズビル)

ウィスコンシン州に拠点を置く非営利団体「宗教からの解放財団」は、各地で「モーゼの十戒」撤去を求める訴訟を起こしてきた。「政教分離」を推し進める団体で、全米3万1000人の会員に支えられているという。

例えば、同財団は2019年4月、オハイオ州ニューフィラデルフィアの中学校の講堂に設置されている「モーゼの十戒」の銘板が「違憲の宗教的展示物」に当たるとして、撤去を求めた。同財団は学校側に送付した書面を公開しており、その中で「学校区がユダヤ・キリスト教を促進することで、非キリスト教徒、信仰のない生徒、その両親、職員らの存在を部外者としてしまう」と主張。別の地域の同種案件では、地元自治体が撤去費用と訴訟費用として計16万ドル以上を負担することで和解した、と警告のような一文も付した。

地元紙によると、1926年の卒業生が学校に贈った銘板だったが、学校側は2カ月後に撤去に応じた。同紙は「長引く訴訟の費用のほか、生徒の学習という本来の目的から離れたところに人員や時間、労力を割かなければなりません。ほかの学校のように敗訴すれば、財団は、裁判費用の支払いを求めることができます。過去には支払いが90万ドル(9450万円)を超えたこともありました。法的に争うことには大きなリスクが伴い、地元の納税者の負担になることは明らかでした」との学校責任者の言葉も伝えている。

ニューフィラデルフィアは人口1万7000人ほどの町だ。それでもFOXニュースが銘板の撤去をニュースサイトで報じると、3471件のコメントがついた(2020年7月時点)。関心を集めるテーマであることがうかがえる。

三つ目の懸念は、人工妊娠中絶問題である。アメリカでは1973年の最高裁の「ロー対ウエイド判決」が、憲法修正第14条が女性の堕胎の権利を保障しているとの判断を初めて示したことで、中絶が原則合法化された。それまでは大半の州で中絶が違法とされるか、厳しく制限されていたが、判決を機に中絶の件数が増え、同時に反対派の運動も強まった。

中絶反対派は、胎児の生命は尊重されるべきであると主張するため「プロライフ(生命尊重派)」と呼ばれる。女性が中絶を選択する権利を支持する側は「プロチョイス(選択容認派)」と呼ばれる。

プロライフの代表格が宗教保守派で、ロー対ウェイド判決を覆すため、最高裁に保守派判事を任命すると公約した大統領候補を熱心に支持してきた。任期1期目に最高裁に保守派判事二人を送り込んだトランプへの支持が、

女性の権利擁護のデモで，子宮の絵を掲げる参加者．よく見ると，子宮が中指をたてている(2017年1月，ワシントンDC)

BABY Killing!
Don't say "Abortion" hiding the Victim!
Baby's CONCEPTION
...when life begins
...the DNA, Genetic
DEFINING MOMENT!

「「中絶」と呼ぶな。赤ちゃん殺人だ！」との抗議文(2010年3月，ワシントンDC)

宗教保守の間で揺らがない理由もここにある。一方、プロチョイスの人々は「保守派は女性を昔の状態に戻したがっている。私たちの前の世代が勝ち取ったロー対ウェイド判決を覆そうとしている」と、警戒を強めている。

アメリカでは、最高裁判決が実生活に及ぼす影響が広く認識されており、ロー対ウェイド判決をめぐってプロライフとプロチョイスが半世紀ほど対立してきた。大統領選が激しくなる要因の一つになっている。

92年の共和党全国大会での「文化戦争」演説

社会争点をめぐり、価値観の多様化が着実に進む中、「文化戦争」を30年ほど前に公的な場で表明した著名人がいる。１９９２年８月の共和党全国大会で演説した、パット・ブキャナンだ。リチャード・ニクソン、レーガンなど共和党政権で働き、自身も１９９２年と96年の共和党の指名候補を目指したが、敗退。２０００年には改革党の候補として大統領選に挑んだ人物だ。

ブキャナン自身は予備選敗退が決まっていたが、民主党候補ビル・クリントンとの11月の本選挙を前に、共和党の指名獲得を確実にしていたジョージ・Ｈ・Ｗ・ブッシュを支持する立場で全国大会に登壇した。彼は予備選で自分に投票した３００万人への感謝を伝えた上で、ブッシュ(父)支持を明確に示し、次のようにアメリカ社会の現状を憂えた。

「我々はブッシュ氏と一緒に宗教学校(religious schools)を選択する自由を支持するし、同性カップルが男女の夫婦と同じ法の扱いを受けるなどという不道徳な(amoral)アイデアに反対します。生存権(中絶反対)や、公立学校での自発的なお祈りを支持し、女性を戦場に送ることに反対します。小さな町やコミュニティが、下水汚物のように流れてきて大衆文化を汚染するポルノを規制する権利を支持します」

そして、ブキャナンの演説は、後に有名になる宣言にたどりつく。

「この選挙では、誰が何を得るのかということ以上に、我々が何者であるのか(who we are)、何を信念としているか(what we believe)、アメリカ人として何を守るべきかが問われているのです。国内では、アメリカの魂をかけて宗教戦争(religious war)が起きています。この文化戦争(cultural war)は、我々がどういう国家になるかという点で、冷戦と同じくらい重大な戦いです。アメリカの魂のための戦いの中で、クリントン夫妻は逆側にいて、ジョージ・ブッシュは我々の側にいるのです。地元に戻って、彼(ブッシュ)を応援しなければいけません」

ブキャナンは、「我々の側」と「逆側」の違いを説明するためだろう、民主党の副大統領候補アルバート・ゴアへの批判も盛り込んだ。「ゴア氏は驚くべき発言をしました。政府の原則は環境でなければならない、と。アルバート、そりゃ間違いだよ！　この共和国の原則は、自由(フリーダム)です。アメリカの偉大なミドルクラスは、虫やネズミや鳥なんかを、家族や労働者、雇用より優先する環境過激派に反対して立ち上がるべきです」

終盤には、自由貿易に批判的な立場から、労働者の雇用を守る姿勢を訴えた。予備選中に各地で出会った労働者たちは、雇用の維持を願っていたというエピソードを紹介した上で、「苦しい時も彼らは我々(共和党)の側にいます。(労働者たちは)アダム・スミスやエドマンド・バークの本は読みませんが、我々と同じ学校、同じ遊び場、同じ町の出身者です。我々と同じ信仰と信念、同じ希望と夢を抱いているのです。根っからの保守派です。我々の仲間です。連帯しなければいけません。彼らが傷ついていることを、我々は理解していると伝えなければなりません。彼らは奇跡など期待していませんが、我々が気にかけていることを知る必要があるのです」

労働者階級の雇用の維持を掲げ、「文化戦争」に不満を募らせる保守派の立場を強調する姿勢は、ほぼ四半世紀後に共和党大統領になったトランプに似ている。この点について、ブキャナンは2016年、米メディアの取材に応じ、当時は推定300〜400万人だった不法移民が2016年には「1200万人」に増えたこと、製造業の雇用が大量に失われたことなどを列挙した上で、労働者階級を取り巻く環境が悪化したことにより今になって自身の主張が受け入れられているとの見方を語っている。

白人の「マイノリティー化」と不満の増大

白人が主人公というアメリカの「見た目」が、急速に変わり始めている。白人は遠くない将来、過半数を割るのだ。そのトレンドは変わらない。アメリカは、その植民地時代から常にヨーロッパにルーツを持つ人々が多数派を占め、「西洋文明」の一員としてのアイデンティティーを持ってきたが、それが自明のものではなくなりつつある。

ピュー・リサーチ・センターによると、アメリカの人口に占める白人の割合は、改正移民法が成立した1965年は84%と圧倒的な多数派だったが、2015年には約62%まで減少。アメリカ国勢調査局によると、2019年7月時点で60・1%まで落ちている。

人口動態の研究で知られるブルッキングス研究所のウィリアム・フレイによると、2045年には白人が全体に占める割合がついに5割を切り、ヒスパニックが24・6%、黒人が13・1%、アジア系が7・9%となる。興味深いのは世代別の見通しで、若い世代の白人ほど、過半数を割る時期が早い点だ。18歳以下の白人は2020年に、18〜29歳は2027年に、30〜39歳は2033年に過半数を割ると予測されている。15歳以下では、2018年に白人が占める割合が過半数を割ったという。

2015年には国勢調査局も予測を出している。それによると、白人(ヒスパニック以外)が人口に占める割合は、２０１４年の62％が２０６０年には43％に下がる。一方、ヒスパニックが占める割合は、２０１４年の17％から２０６０年の28％に増えるという。

「最近の移民は同化しない」との不満

移民への不満を抱く人が少なくない。彼らが共通して語るのが、「かつての移民はアメリカに同化したが、最近の移民は同化しようとしない」との不満だ。

最近のアメリカで、あまり聞かなくなった言葉に「ワスプ（ＷＡＳＰ）」がある。白人（White）、アングロサクソン（Anglo-Saxon）、プロテスタント（Protestant）の頭文字をつなげたものだ。初期の入植者にイギリスなど北欧の出身者が多く、今のアメリカ社会の土台をつくったことなどから、アメリカのエリート層を意味した言葉だ。実際、20世紀半ばまでは政治指導者も軍幹部も高級官僚も外交官も、ほとんどワスプが占めていたという。

19世紀になるとアイルランドやイタリア、ギリシャ、東欧諸国からのカトリック教徒やギリシャ正教の移民が流入した。こうした南欧・東欧からの移民が、今日不満を抱く人々が語る「かつての移民」だ。移民一世は、強烈な差別を受けながらも貧困層として働き始め、その子ども世代（二世）が英語を覚えて中流階級に仲間入りし、最終的には同化して「立派なアメリカ市民になった」という理解だ。

一方、「最近の移民」は多くの場合、最大のマイノリティー集団になったヒスパニックやアジア系の移民を指している。いずれもヨーロッパからの移民ではなく、英語を話さない人も少なくない。自宅で英語を話さない住人の割合は2016年に約22％で、1980年の11％から倍増した。中東やアフリカ、アジアからのイスラム教徒の女性は頭からヒジャブ（スカーフ）をかぶる。こうした変化の結果だろうか、「最近の移民」は出身国の生活習慣や言語をアメリカに持ち込み、「堂々と維持している」と批判されることがある。

共和党支持が増える白人層

民主党が多様な移民を支持層に受け入れる中、白人の共和党支持の傾向が顕著になっている。ブラウン大学教授のジェームズ・モローンは次のように指摘する。

1960年代にすべてが変わった。連邦議会は1965年にハート＝セラー法（改正移民法）を可決した。1920年代に大きく制限された移民の受け入れも、この法律によって再び広く門戸が開かれた。この法律に反対したのは、主に人種分離論者たちだった。かつての移民は圧倒的にヨーロッパ系が多かったが、新たにやってくる移民は非白人が多いという現実を彼らは恐れた。ハート＝セラー法成立後にやってきた移民世代がアメリカ史上最大規模に膨らむと、アメリカ社会に新たな緊張が生じた。政党が人種、民族、そして出身国に即して立場を見直すようになると、この緊張が党派政治に取り込まれていった。民主党は公民権と移民の幅広い受け入れを支持し、党幹部に登用されるアフリカ系、アジア系、スペイン系アメリカ人も増えていった。一方で、白人有権者は共和党へ流れた(フォーリン・アフェアーズ・リポート、2018年5月号)。

政党支持の推移をデータでたどってみよう。ピュー・リサーチ・センターによると、全体では、共和党支持者(「共和党」と「共和党寄り」の合計)が2008年の39%から2016年の44%に増えたのに対し、民主党支持者(「民主党」と「民主党寄り」の合計)は51%から48%に減らした。共和党が支持層を増やし、差を2008年の12ポイントから2016年の4ポイントに縮めた。

属性別に見ると、白人の中でも「男性」と「高齢者」、「高校卒業以下」で、共和党支持の傾向が強まっていることがわかる。「白人男性」の支持は、2008年は共和党51%、民主党39%と12ポイント差だったが、2016年には共和党61%、民主党32%となり、29ポイント差に拡大した。65歳以上の「高齢者」の支持は、2008年は共和党45%、民主党44%と拮抗していたが、2016年には共和党58%、民主党37%になり、21ポイントに差が広がった。

同様に最終学歴が「高校卒業以下」の白人の支持傾向を見ると、2008年は共和党45%、民主党44%とやはり拮抗していたが、2016年になると共和党59%、民主党33%と開き、差は26ポイントに広がった。

有権者が政党を支持する理由は、時の大統領選の候補者の言動にも影響されるだろう。このシフトが、2016年のトランプ効果によるものなのか、「トランプ後」も続く長期トレンドになるのかは、様子を見る必要がありそうだ。

「われわれ人民(we the People)」の「われわれ」とは誰を指しているのか。「われわれ」を代表する大統領は、今後どんなメッセージで、すでに多様な社会の統合を図ろうとするのだろうか。アメリカの内実と方向性が大統領選で問われている。

終章　2120年の大統領選挙

これまで記してきたアメリカ政治の流れを前提としながら、ここで思い切って100年後、すなわち2120年のアメリカ政治について想像を逞しくしてみよう。むろん、将来のことについては一切の科学的データも世論調査もインタビュー取材も存在しない。純粋な想像である。

2016年にドナルド・トランプ(トランプⅠ)が大統領に当選したことは、周辺の安全保障環境が悪化しつつある同盟国日本にとって衝撃であった。しかし、日本の当惑をよそに、その後2120年にいたるまで、アメリカはトランプⅡ、トランプⅢをホワイトハウスに送り込んだ。

2016年、アメリカ政治は大きく変わりつつあった。

同年大統領選挙前までは、共和党から大統領候補の指名を勝ち取るためには、その政策的立場は、外交安全保障については国際主義でタカ派ないし穏健タカ派、通商政策では自由貿易推進でなければならないというのが常識であった。しかし、トランプの公約は全く逆で、孤立主義と保護貿易主義であったと言ってよい。不法移民問題ではジョージ・W・ブッシュ(2000年と04年共和党大統領候補)やジョン・マケイン(同08年)は不法移民がアメリカ国内にそのまま居住することを認める穏健な立場であったが、ミット・ロムニー(同12年)はそれより厳しい立場を示した。しかし、16年のトランプのように、彼らの中には多数の犯罪者・麻薬中毒者が紛れ込んでいると断定し、米墨国境の壁の建設を公約の中心に仕立て上げた公認候補は、これまで民主党・共和党の二大政党では登場してこなかった。

不法移民問題について、少しばかりその流れを振り返ってみよう。第二次世界大戦終了後のアメリカの移民政策の分水嶺は、1965年の改正移民法(ハート=セラー法)であった。この法律によって、アメリカは全ての国から平等に移民を受け入れることになった。この措置によって、中南米諸国からも正規の移民を受け入れることになったが、国境警備が困難なメキシコとその以南の国々から多数の不法移民が到来することになり、1986年に連邦議会は超党派で移民法の改正を行った。その結果、国境警備の強化、不法移民雇用者に対する罰則の導入とともに、約300万人の不法移民に対して、法的地位と将来の市民権取得資格を与えた。このような法律が成立したことは、当時はまだアメリカの政治において超党派での合意が可能であったことを証明している。将来に向けてはこれまでにないほど厳格な措置を講じながら、すでに入国した人々に対しては、かなり寛大な態度を示したことになる。多くの議員は、この法律改正によって不法移民問題を解決したと感じたであろう。

ところが30年が経過し、トランプ候補が登場した２０１６年までに、アメリカには１１００万人から１２００万人とも言われる数の不法移民が存在することになった。１９８６年の感覚から言えば、全く予想外の展開であった。

政策の流れとしてみた場合、どのようなことが言えるであろうか。

１９８６年の改正移民法はかなりの程度善意と人道主義に基づいたものであったが、不法移民を無くすことはおろか、減らすことにも成功しなかった。ここから、不法移民問題強硬派の反撃が始まる。彼らの立場から言えば、86年改正法はかえって、不法移民にアメリカに入国する誘因を与えたことになる。すなわち、アメリカに入ってしまえば、結局は事後的に居住し市民権を得る資格を獲得することができるという先例と期待を作ったのである。ここから、国境警備のさらなる強化や罰則の強化だけでなく、不法移民自身に対しても強制退去といった強硬措置の採用が提案されるようになった。これに対して、不法移民に寛大な措置を求める人々は強く反発した。

この対立は容易に解決されないままであった。概していえば、共和党の方が強硬派であり、民主党の方が寛大派であったが、今世紀初頭には共和党にも、大統領ブッシュ(子)や上院議員マケインなど、寛大派が存在した。２００4年の大統領選挙でブッシュはヒスパニック票の約40％を獲得したが、これは共和党候補としては画期的な成果であった（https://www.pewresearch.org/hispanic/2005/06/27/iv-how-latinos-voted-in-2004/）。

その後、議会と政党の対応も分極化していった。２００5年12月、連邦議会下院は「２００5年国境防衛、反テロリズムおよび不法移民統制法」（H.R.4437）と呼ばれる法案を賛成２３９票、反対１８２票で可決した。これは不法移民の強制退去を基本とする、これまでにない強硬な規定を含んでいた。共和党下院議員の92％が賛成し、民主党下院議員の82％が反対していた。すなわち、この頃までに政党間の分極化が高い水準にまで進んでいた（ただし、この法案は上院では可決されなかった）。この法案に抗議することを目的に翌06年5月には、ヒスパニック系の人々による大規模な抗議運動が行われた。

それに対して、２０１3年、上院は、何百万人もの不法移民に対してアメリカ市民になる道を与えようとする画期的で寛大な法案を、賛成68票、反対32票で可決した。共和党議員46人のうち14人が賛成し、民主党議員は52人全員が賛成した。上院には、穏健派の共和党議員が多数存在しており、すなわち、不法移民問題について下院ほど政党間の分極化が進んでおらず、むしろ超党派で寛大な法案を可決したことになる。ただし、この法案が下院で可決されることはなかった。

下院と上院はこのように異なった法案を可決し、その後結局妥協案に到達することがなかったため、不法移民問題について議会は明確な態度を提示することができなかったことになる。

このような状況でトランプが登場し、下院の法案に近い路線で反不法移民のキャンペーンを開始した。ただ、多数の麻薬中毒者、犯罪者等の存在をどぎつく語ったり、また国境に「壁」を建築するといった提案は、トランプにオリジナルな部分である。

メディアや他候補の反応は100%否定的と言ってよいくらいであったが、この路線は実践してみると、共和党内で予想を超えた人気を博した。2016年、同党では17人もの立候補者が存在したので、共和党内でトランプが指名を獲得したことについては、たしかに偶然性も作用していた。それにもかかわらず、異端の党路線で戦って勝ち抜いたトランプの強さと人気は、容易に消し難い印象を残した。そしてその人気は、それまで民主党を支持してきた多数の白人労働者層にも及んだ。

中長期的には、トランプが、孤立主義、保護貿易主義、強烈な反不法移民の立場の3点セットで、共和党の公認を勝ち取れることを、身をもって証明したことが決定的に重要であった。この選挙戦に、オハイオ州の僻地で若きボランティアとして参加していたのがトランプⅡであった。彼は元来民主党支持の労働組合員であったが、トランプ候補の演説と公約に感銘を受け、その後大統領の座を目指すことになった。２０４０年の公約も、基本的にトランプⅠと同じであった。

２０４０年に当選したトランプⅡは確信犯であり、またトランプⅠと異なり、政策についても明るかった。選挙戦中に開催された候補者討論会でも、アメリカにまだ残っていた介入主義的外交政策と自由貿易支持の立場を完膚なきまでに論破してみせた。大統領に当選後、すぐに着手したのが、ＮＡＴＯからの離脱と日米・日韓の同盟の破棄であった。国外の反響が大きかったことは言うまでもないが、アメリカ国内での反発も大きかった。

トランプⅡ退任後、次の政権が破棄された全ての同盟を復活させたものの、２１００年にはトランプⅢが登場した。同じ思想系列であっても、トランプⅠからトランプⅢに至り、徐々に洗練さを増していった。トランプⅢは、実はヒスパニック系女性であった。アメリカでは、ヒスパニック系人口が順調に増え、すでに２０４０年代に白人は多数派の座を失っていた。もっぱら白人労働者票に頼って当選したトランプⅠのような離れ業は、もはや不可能であった。トランプⅡとトランプⅢは、合法移民が不法移民に対して抱く反感に巧みにつけこみ、白人票とミドルクラス化したヒスパニック保守票からなる支持連合を構築することに成功した。宗教保守派もこれに加わった。外交公約の基本は、孤立主義と保護貿易主義であった。トランプⅢも当選し、全ての公約を実現した。しかし、破棄された同盟は前回同様、次の政権によって復活された。

メキシコからの移民がますます増加する中、2030年には以下のような事件も起きた。ニューメキシコ州では、すでに2020年にはヒスパニック系の州民が州人口の48%となっていたが、30年にそれは65%に達し、その中の急進派の要求によって、同州のアメリカ合衆国からの離脱とメキシコ復帰を求める州民投票が敢行された。メキシコからすると、19世紀に米墨戦争等でアメリカに奪われた土地を取り戻す絶好のチャンスであった。ところが、州民投票は大差で否決された。反対票は白人だけでなく、ヒスパニック系の州民によっても大量に投じられた。彼らからすると、大変な思いでアメリカに渡り、アメリカの市民権すら獲得したのに、ここでニューメキシコ州がメキシコに戻ってしまったら、これまでの苦労が水泡に帰してしまうことを意味する。

さてこの100年の間、アメリカの外交政策の動揺を目撃してきた日本は、何も手を打たなかったわけではない。ポピュリズムの台頭、あるいは国民を説得しリードする国際派エリートの力の衰退・弱体化は、2016年のトランプI当選時からうっすらと感じられていた。すでにトランプIの時から、日本の首相は人間関係的にはゴルフで接待しながら、円滑な関係を維持しようとしていたが、緩慢ながらも静かに方向転換を図っていた。すぐには目立たなかったものの、その一つの兆候は防衛費の伸びであった。たしかに2020年段階でも日本の防衛費はGDPの1%未満に留まっていた。それはドイツの1・2%、ニュージーランドの1・2%、オーストラリアの2%などと比較すると極めて低い水準にあった。

しかし、日米安保条約の「片務性」を批判し、破棄をつぶやいたトランプIの登場は、大きく日本を揺さぶることになった。むろん、その背景に存在したのは、北朝鮮による核兵器とミサイルの開発であり、中国の急速な軍事的台頭であり、何よりも尖閣諸島をめぐる熾烈な領土紛争であった。中国の経済規模はその当時でもすでに日本の3倍、軍事費は日本の防衛費の4倍に達していた。しかし、それに劣らず重要であったのは、アメリカの対日政策であった。結局復活したとはいえ、日米同盟を二度も破棄されたことは日本にとって大きな教訓となった。

日本の防衛費は2030年には1・2%となり、2080年には2016年当時のNATOの努力目標であった2・0%に達した。憲法9条も改正された。しかし、日本が軍国主義的になったわけではなかった。むしろ、日本の指導者は平和主義的な世論に拘束され、依然として領土を防衛するのに十分な防衛費を確保するのに四苦八苦している。

さて現在、2120年のアメリカ大統領選挙が進行中であるが、どうもトランプⅣが当選しそうである。

あとがき

本書はアメリカの大統領選挙を一方で少し広い視野から、他方で実際に投票するアメリカ国民の目線から、解説したものである。

アメリカの民主主義を模範として描こうとしたわけではない。むろん、それを全面的に否定するつもりもない。一般論としても、例えばアメリカと日本の民主主義の優劣を、あるいは大統領制と議院内閣制の長短を論じても、容易に決着がつかないであろう。それでも、アメリカの民主主義にみるべき点はあり、日本が取り入れるかどうかは別として、敬意を払うべき点は少なくないはずである。

過去300年以上選挙に基づいた政治を実践してきたアメリカであるが、それを誇りに感じるとともに、しばしばアメリカ民主主義の不十分さや欠点を最も先鋭に自覚しているのもアメリカ人自身であった。だからこそ不満や怒りを声を大にして表現し、また改革に無限の情熱を傾ける多数の市民が登場してくる。

サミュエル・ハンチントンという政治学者はかつて、その著書『アメリカ政治――約束された不調和』(1981年)において、アメリカでは価値観の一致があるにもかかわらず、否まさにそれゆえに、対立が起きると指摘した。自由・民主主義などの基本的価値についてコンセンサスが存在するが、ときにアメリカ国民はアメリカ政治の実際がこれらの理念とかけ離れた状態にあることに気づき、怒りを感じるとともに現実の改革に着手する、という説明である。通俗的な説明は、基本的価値についてコンセンサスがあるがゆえに顕著な対立は起きないと論ずるわけであるが、ハンチントンはその逆の側面を鋭く指摘した。掲げている理念が崇高であればあるほど幻滅も大きく、改革のエネルギーも巨大なものになる。現状維持派と改革派の対立もかえって激しくなるであろう。アメリカ史はこのようなサイクルの繰り返しだったのかもしれない。

しかし、本文で示唆したように、長らく基本的な価値観において一致があると思われてきたこのアメリカにおいても、近年、民主主義や立憲主義のあり方、あるいは平等・差別・格差・信仰などをめぐって分極化が進行し、もはや価値観におけるコンセンサスが維持されているとは言えない状態が生まれつつあるのかもしれない。これも2020年の、そしてそれ以降の選挙を注視する必要があるゆえんである。

本書はまず久保が第1章1と2および終章を、その他の部分を金成が執筆し、その後さまざまな形で相互に加筆・削除・修正を行った。久保と金成は2016年2月にニューハンプシャー州、同年7月に共和党、民主党それぞれの全国党大会、そして18年3月にピッツバーグ近辺にて、大統領選挙と中間選挙を取材している。アメリカ市民とのインタヴューはほとんどが金成の取材による。

第1章の一部と終章は以下の文章を修正して掲載した。転載を快諾していただいた公益財団法人東京財団政策研究所と公益財団法人サントリー文化財団に感謝したい。

久保文明「アメリカにおける政権交代――日本との比較～権力分立制、政治任用制、および分極化した政党制のもとで～」(東京財団政策研究所ホームページ、2010年12月6日、https://www.tkfd.or.jp/research/detail.php?id=701)

久保文明「トランプの末裔に翻弄される日本」『アステイオン 特集「可能性としての未来――100年後の日本」』(91号、2019年)、189～192頁。

後者を終章に使用することは本書編集者島村典行氏の提案であった。他の部分とは論調も異なるが、長期的視点でみた場合のトランプ大統領の遺産を考えてみる素材としては若干の意味があるかもしれない。読者なりに想像を逞しくしていただくことも一興であろう。この点に限らず、島村氏からは多数の有益なご提案・示唆・助言をいただいた。記して感謝申し上げたい。

また、共同取材に関しては、2016年から18年にかけて朝日新聞社アメリカ総局長であった山脇岳志・沢村亙両氏に大変お世話になった。あらためて深くお礼申し上げたい。むろん、本書の内容についての責任はすべて著者にある。本書を通じて読者に、アメリカ大統領選挙とアメリカ政治をこれまで以上に深く理解していただければ望外の幸せである。

2020年大統領選挙戦の終盤にて

久保文明
金成隆一

大統領・副大統領一覧

代	大統領・所属政党・出身州	在任期間	副大統領・所属政党
1	ジョージ・ワシントン(フェ, VA)	1789-93	ジョン・アダムズ(フェ)
	〃	1793-97	〃
2	ジョン・アダムズ(フェ, MA)	1797-1801	トーマス・ジェファソン(リパ)
3	トーマス・ジェファソン(リパ, VA)	1801-05	アーロン・バー(リパ)
	〃	1805-09	ジョージ・クリントン(リパ)
4	ジェームズ・マディソン(リパ, VA)	1809-13	〃
	〃	1813-17	エルブリッジ・ゲリー(リパ)
5	ジェームズ・モンロー(リパ, VA)	1817-21	ダニエル・トンプキンズ(リパ)
	〃	1821-25	〃
6	ジョン・クウィンジー・アダムズ(リパ, MA)	1825-29	ジョン・カルフーン(リパ)
7	アンドリュー・ジャクソン(民, NC/SC)	1829-33	〃
	〃	1833-37	マーティン・ヴァン・ビューレン(民)
8	マーティン・ヴァン・ビューレン(民, NY)	1837-41	リチャード・メンター・ジョンソン(民)
9	ウィリアム・ハリソン(ホイ, VA)	1841	ジョン・タイラー(ホイ)
10	ジョン・タイラー(ホイ, VA)	1841-45	空席
11	ジェームズ・ポーク(民, NC)	1845-49	ジョージ・ダラス(民)
12	ザカリー・テイラー(ホイ, VA)	1849-50	ミラード・フィルモア(ホイ)
13	ミラード・フィルモア(ホイ, NY)	1850-53	空席
14	フランクリン・ピアース(民, NH)	1853-57	ウィリアム・キング(民)
15	ジェームズ・ブキャナン(民, PA)	1857-61	ジョン・ブレッキンリッジ(民)
16	エイブラハム・リンカン(共, KY)	1861-65	ハンニバル・ハムリン(共)
	〃	1865	アンドリュー・ジョンソン(民)
17	アンドリュー・ジョンソン(民, NC)	1865-69	空席
18	ユリシーズ・グラント(共, OH)	1869-73	スカイラー・コルファックス(共)
	〃	1873-77	ヘンリー・ウィルソン(共)
19	ラザフォード・ヘイズ(共, OH)	1877-81	ウィリアム・A. ホイーラー(共)
20	ジェームズ・ガーフィールド(共, OH)	1881	チェスター・A. アーサー(共)
21	チェスター・A. アーサー(共, VT)	1881-85	空席
22	グロバー・クリーヴランド(民, NJ)	1885-89	トーマス・A. ヘンドリックス(民)
23	ベンジャミン・ハリソン(共, OH)	1889-93	リーヴァイ・モートン(共)
24	グロバー・クリーヴランド(民, NJ)	1893-97	アドレー・E.スティーブンソン(民)
25	ウィリアム・マッキンリー(共, OH)	1897-1901	ギャレット・A. ホーバート(共)
	〃	1901	セオドア・ローズヴェルト(共)

26	セオドア・ローズヴェルト(共, NY)	1901-05	空席
	〃	1905-09	チャールズ・W. フェアバンクス(共)
27	ウィリアム・タフト(共, OH)	1909-13	ジェームズ・S. シャーマン(共)
28	ウッドロー・ウィルソン(民, VA)	1913-17	トーマス・R. マーシャル(民)
	〃	1917-21	〃
29	ウォレン・ハーディング(共, OH)	1921-23	カルビン・クーリッジ(共)
30	カルビン・クーリッジ(共, VT)	1923-25	空席
	〃	1925-29	チャールズ・ドーズ(共)
31	ハーバート・フーヴァー(共, IA)	1929-33	チャールズ・カーティス(共)
32	フランクリン・D. ローズヴェルト(民, NY)	1933-37	ジョン・N. ガーナー(民)
	〃	1937-41	〃
	〃	1941-45	ヘンリー・A. ウォレス(民)
	〃	1945	ハリー・S. トルーマン(民)
33	ハリー・S. トルーマン(民, MO)	1945-49	空席
	〃	1949-53	アルバン・W. バークレー(民)
34	ドワイト・D. アイゼンハワー(共, TX)	1953-57	リチャード・ニクソン(共)
	〃	1957-61	〃
35	ジョン・F. ケネディ(民, MA)	1961-63	リンドン・ジョンソン(民)
36	リンドン・ジョンソン(民, TX)	1963-65	空席
	〃	1965-69	ヒューバート・H. ハンフリー(民)
37	リチャード・ニクソン(共, CA)	1969-73	スピロ・アグニュー(共)
	〃	1973	〃
	〃	1973	ジェラルド・R. フォード*(共)
38	ジェラルド・R. フォード(共, NE)	1974-77	ネルソン・ロックフェラー*(共)
39	ジミー・カーター(民, GA)	1977-81	ウォルター・モンデール(民)
40	ロナルド・レーガン(共, IL)	1981-85	ジョージ・H. W. ブッシュ(共)
	〃	1985-89	〃
41	ジョージ・H. W. ブッシュ(共, MA)	1989-93	ダン・クエール(共)
42	ビル・クリントン(民, AR)	1993-97	アル・ゴア(民)
	〃	1997-2001	〃
43	ジョージ・W. ブッシュ(共, CT)	2001-05	ディック・チェイニー(共)
	〃	2005-09	〃
44	バラク・オバマ(民, HI)	2009-13	ジョー・バイデン(民)
	〃	2013-17	〃
45	ドナルド・トランプ(共, NY)	2017-	マイク・ペンス(共)

注：フェ＝フェデラリスツ，リパ＝リパブリカンズ，ホイ＝ホイッグ党，共＝共和党，民＝民主党.
*＝憲法修正第25条第2節に定められた手続きにより，選挙によらずに就任した副大統領.

久保文明

1956年生まれ．1979年東京大学法学部卒業．慶應義塾大学法学部助教授・教授を経て，
現在，東京大学大学院法学政治学研究科教授．
専門－現代アメリカ政治，現代アメリカ政治史
著書－『アメリカ政治史』(有斐閣)，『アメリカ政治〔第3版〕』(共著，有斐閣)，『ティーパーティ運動の研究──アメリカ保守主義の変容』(共編著，NTT出版)ほか多数

金成隆一

1976年生まれ．慶應義塾大学法学部政治学科卒業．2000年，朝日新聞社入社．大阪社会部，ニューヨーク特派員，経済部記者を経て，現在，国際報道部機動特派員．2018年度ボーン・上田記念国際記者賞，第36回大平正芳記念賞特別賞を受賞．

著書－『ルポ トランプ王国』，『ルポ トランプ王国 2』(以上，岩波新書)，『記者，ラストベルトに住む』(朝日新聞出版)ほか

アメリカ大統領選　　岩波新書(新赤版)1850

2020年10月20日　第1刷発行

著　者　久保《くぼ》文明《ふみあき》　金成《かなり》 隆《りゅう》 一《いち》

発行者　岡 本　厚

発行所　株式会社 岩波書店
〒101-8002 東京都千代田区一ツ橋 2-5-5
案内 03-5210-4000　営業部 03-5210-4111
https://www.iwanami.co.jp/

新書編集部 03-5210-4054
https://www.iwanami.co.jp/sin/

印刷製本・法令印刷　カバー・半七印刷

ISBN 978-4-00-431850-7　Printed in Japan

岩波新書新赤版一〇〇〇点に際して

ひとつの時代が終わったと言われて久しい。だが、その先にいかなる時代を展望するのか、私たちはその輪郭すら描きえていない。二〇世紀から持ち越した課題の多くは、未だ解決の緒を見つけることのできないままであり、二一世紀が新たに招きよせた問題も少なくない。グローバル資本主義の浸透、憎悪の連鎖、暴力の応酬——世界は混沌として深い不安の只中にある。

現代社会においては変化が常態となり、速さと新しさに絶対的な価値が与えられた。消費社会の深化と情報技術の革命は、種々の境界を無くし、人々の生活やコミュニケーションの様式を根底から変容させてきた。ライフスタイルは多様化し、一面では個人の生き方をそれぞれが選びとる時代が始まっている。同時に、新たな格差が生まれ、様々な次元での亀裂や分断が深まっている。社会や歴史に対する意識が揺らぎ、普遍的な理念に対する根本的な懐疑や、現実を変えることへの無力感がひそかに根を張りつつある。そして生きることに誰もが困難を覚える時代が到来している。

しかし、日常生活のそれぞれの場で、自由と民主主義を獲得し実践することを通じて、私たち自身がそうした閉塞を乗り超え、希望の時代の幕開けを告げてゆくことは不可能ではあるまい。そのために、いま求められていること——それは、個と個の間で開かれた対話を積み重ねながら、人間らしく生きることの条件について一人ひとりが粘り強く思考することではないか。その営みの糧となるものが、教養に外ならないと私たちは考える。歴史とは何か、よく生きるとはいかなることか、世界そして人間はどこへ向かうべきなのか——こうした根源的な問いとの格闘が、文化と知の厚みを作り出し、個人と社会を支える基盤としての教養となった。まさにそのような教養への道案内こそ、岩波新書が創刊以来、追求してきたことである。

岩波新書は、日中戦争下の一九三八年一一月に赤版として創刊された。創刊の辞は、道義の精神に則らない日本の行動を憂慮し、批判的精神と良心的行動の欠如を戒めつつ、現代人の現代的教養を刊行の目的とする、と謳っている。以後、青版、黄版、新赤版と装いを改めながら、合計二五〇〇点余りを世に問うてきた。そして、いままた新赤版が一〇〇〇点を迎えたのを機に、人間の理性と良心への信頼を再確認し、それに裏打ちされた文化を培っていく決意を込めて、新しい装丁のもとに再出発したいと思う。一冊一冊から吹き出す新風が一人でも多くの読者の許に届くこと、そして希望ある時代への想像力を豊かにかき立てることを切に願う。

（二〇〇六年四月）